人気のカウンセラーになる
教科書

カウンセラーさん紹介①

西村尚子さん
にしむらなおこ

＊屋号
ジョイフル・コミュニケーション
＊活動歴
5年
＊主な宣伝ツール
アメブロ
メルマガ
クライアントさんからのご紹介
リザーブストック

 幸せの波紋を広げていきたい

　アダルトチルドレン、うつ、夫婦問題、親子問題、対人関係の問題などで生きづらく苦しい思いをされている人へのカウンセリングや、カウンセラー養成講座を開催しています。「家族の笑顔はお母さんから。お母さんが幸せでいると家族も幸せ」ということを体感していただきたいと思っています。

 この仕事をしていてよかったと思うこと

　アダルトチルドレンは、親からの身体的・心理的虐待または過保護、過干渉を、受け続けて成人し、社会生活に違和感を持ち、子供時代の心的ダメージに悩み苦しむ人々の総称です。

　人間関係がうまくつくれず生きづらい人が、幼少期からの心の傷を癒していくと、自分の生きている意味や幸せや満足を感じられるようになり、人間関係もスルスルとうまく回りはじめます。人によって回復のスピードは違いますが、安心して生きられるようになっていくお手伝いを仕事にできてよかったと思っています。

　笑顔で会いに来てくださったり、元気で過ごしているメールをいただけるのがすごく嬉しいです。

心理学に関する研究発表 優秀賞受賞　　　　　　セミナー後、参加者のみなさんと一緒に

受講生さんとクリスマスパーティー開催　　　　　　セミナー風景

カウンセラーさん紹介②

古宮昇さん
こみやのぼる

＊屋号
　なし
＊活動歴
　24年
＊主な宣伝ツール
　口コミ
　紹介

 人が心の底から求めていること

　私が初めて心理士として働いたのはアメリカでした。そこで心理学博士号を取得し、病院などで国籍や人種の違うたくさんの方々の心の支援をしてきました。

　日本では心療内科で臨床心理士をしたのち開業しました。その経験を通して痛感するのは、人は文化や人種が違っても、誰もが求めているのは、自分のことをわかってほしい、そのままの自分を大切に思ってほしいということ。そんなカウンセリング関係を提供したいと思っています。

 長年の怒りや悲しみが芯から癒される

　カウンセリングを受けてきたのに30年も40年も解決できなかった親への怒りや悲しみ、自分のことが好きになれない苦しみ、誰かとの関係で受けた心の痛み、多くの方々がそんな悩みを解消し、愛と癒しの美しい涙を流す瞬間に、私はたくさん立ち会い続けています。

カウンセリングルーム　　　　カウンセリングでお話を聞いています

執筆した著書

カウンセラーさん紹介③

紫音典子さん
しおんのりこ

＊屋号
　癒しの空間ヒーリングサロン紫音
＊活動歴
　７年目（法人４年目）
＊主な宣伝ツール
　facebook
　アメブロ
　メルマガ（ライン）

 みなさんの心に高貴さを宿らせることが私の願いです

　私は子供のころから、人には見えないものが見えたり感じたりすることがよくありました。社会に出て働くようになると、友人や同僚から悩みや相談を持ちかけられることが多くなり、彼女たちの背後に感じる何かに話しかけながら念じることで、みるみるうちにみんなが元気な顔に戻っていきました。この力を人の役に立てたいと考えるようになったのは40代になってからのことです。それから尊敬するヒーリングの先生に師事し、ヒーリングサロン「紫音」を開きました。この紫のイメージのように、みなさんの心に高貴さを宿らせることが私の願いです。

 カウンセリングについて

　専門学校でカウンセラーとして10年近く勤務していましたが、そのときに躁鬱病や心因性精神疾患の学生さんや保護者の方に出会いました。そしてカウンセリングを行うことで、一緒に問題に向き合い、みなさんが元気になっていく課程を一緒に過ごすことができました。今後もこのような悩みをお持ちの方の力になりたいと思っています。

セミナー後、参加者のみなさんと一緒に

サロンの部屋

サロンの部屋

高野山ツアー参加者のみなさんと一緒に

はじめに

　人の役に立ちたいと思ってカウンセラーの資格を取得したものの、仕事としてスタートできない状態が続いている。または、カウンセリングをお仕事にしようとスタートしたけれど、なかなか収入につながらないという相談を受けることがあります。

　カウンセリングで収入を得られるようになるためにはビジネス的なスキルが足りないと思って、集客についてや、マーケティングなどを学んだり、ビジネスコンサルタントについてもらったりする人もいます。

　うまく流れに乗れる人と、うまく流れに乗れずに停滞してしまう人……。

　私なりに、この違いは何だろう？　と両者の観察をしていくうちにわかったことがあります。うまくいく人にはあって、うまくいかない人にはないもの。それはどんなことだと思いますか？

　うまく流れに乗れている人は自分の軸になるもの、土台になるものを持っていたり、未来のビジョンを鮮明に見据えています。そして考え方が柔軟で、行動するところはスグに行動できる、改善点がわかったときに素直に改善できるのです。「でも、だって、どうせ」という言葉が少なく、教わったことはとりあえずチャレンジしてみようと、行動と改善をスムーズに行える人が多いのです。

　このように書くと、今の自分はどちらのタイプかな？　と気になるかもしれませんが、今のあなたがどちらのタイプであるかは問題ではありません。もし今できているならば、過信しすぎないように気をつけて、これからも活動を続けていってください。

　もし今できていないとしても、これから身につけていけばいいことなので、本書を読みながら自分に必要だなと思うことを参考にして、身につけていただければと思います。

　まずは自分の中にあるものを整理整頓して、自分の軸をつくること、土台となることをつくることでカウンセラーとして活動しやすくなります。

しかしカウンセラーとして活動していくうちに、こんなときはどうすればいいのかな？　という疑問が出てくるものです。そのときの参考になるよう、疑問に思いやすいことについて、私自身の経験や、今までの相談内容で多かったことを本書にまとめてみました。

　読み進めるうちに、カウンセリングのジャンル（専門）によっては、今までに教わったことと違う、と感じる考え方が書かれているかもしれません。それは違うでしょう！　と思うことがあるかもしれません。あなたの思い込みを手放さなくてはいけないことが起きるかもしれません。

　もし違和感を感じたときは「そのような考え方もあるのね」と思うだけにしてください。もし少しだけ受け入れられそうなら「このような考え方ができたとしたら？」と想像しながら読み進めていただければと思います。

　あなたがあなたらしく、愛し愛される関係をつくり、人気のカウンセラーになるために必要なことの、たった一つでもお役に立てることができれば嬉しいなと思っています。

　売り上げの目標も大切ですが、売り上げを追うことが人気のカウンセラーになることではないと思ったほうがいいのかもしれません。人気のカウンセラーになったから売り上げがついてくる、という考え方もあるのです。

　カウンセラーの資格を取得して技術を身に付けて、ビジネスのスキルを学んだだけでは人気のカウンセラーにはなれない、と私は思っています。あなた自身の人間性やカウンセラーとしての在り方が人気を育てていくと思って、自分で自分を育ててくださいね。

　あなたが、自信を持ってカウンセラーとして活動できることを心から願っています。

城市奈津子

もくじ

1章
人気のカウンセラーってどんな人？

2章

人気のカウンセラーになるための5つのステップ

9章

次のステージへ

Chapter
1

人気のカウンセラーって
どんな人？

これからカウンセラーを
お仕事にしようとしているあなたへ

 カウンセラーの役割ってなに？

　カウンセラーには、病院などで活動している心理療法士と言われるカウンセラー、企業や学校で活動しているカウンセラー、そして、資格の有無にかかわらずに経験や学んできたことを活かして活動しているカウンセラーなどさまざまあります。

　これから本書でお話ししていくカウンセラーとは、資格の有無にかかわらずに自身の経験や学んできたことを活かして活動しているカウンセラーのことです。そしてカウンセリングとは相談者さんの抱える悩みや問題などに対して専門的な知識や技術を用いて行われる相談援助のことで、カウンセラーの役割とは、相談者さんのお話を聞きながら悩みや問題を解決できるように導いてお手伝いすることです。

応援者でもあるカウンセラー

　相談者さんの悩みを聞くときに大切なことがあります。それは表面的な悩みと、その奥にある本質的な悩みがあるということ。たとえば、「結婚したいのにできない」という相談で来たけれど、お話を聞いていくうちに家族関係の問題が本質的な悩みであることがわかった、ということがあるかもしれません。

　カウンセリングで話をじっくりと聞きながら、しっかりと悩みの本質を探っていきましょう。とにかく話を丁寧に聞き、質問したくなったらどんどん質問をして、隠れている問題、悩みの本質を探していきましょう。

　相談者さん自身が問題と向き合い、自分で解決できるという前提のもと、話を聞くようにしてみてくださいね。

カウンセリングのプロセス

相談者の悩みの解決を信じてあげる

↓

あなたの応援している心がもっと伝わる

↓

心や気持ちの整理がしやすくなる

↓

悩みの解決につながる

言葉にしなくても気持ちは伝わります。
あなたを応援していますという気持ちで
話を聞くようにしましょう。

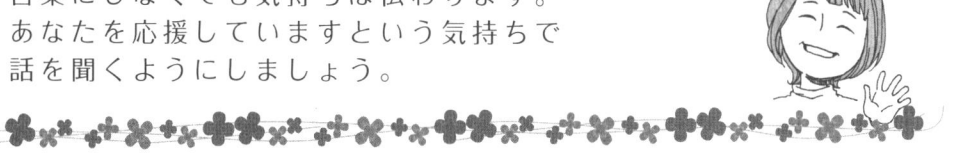

プロのカウンセラーとして必要なこと

 カウンセリングをお仕事にするために

　料金を設定できないとか、お金を受け取ってもいいのだろうか？と自分の迷いに意識が向いてしまい、カウンセラーとしてスタートできないという相談を受けることがあります。

　今、この本を手に取ったあなたも、ひょっとして自分がカウンセリングをお仕事にしてもいいのかな？　といった迷いが出ているのかもしれません。でも、あなただから出会える相談者さんが待っています。勇気を出して一歩踏み出してみてくださいね。

 プロのカウンセラーとして必要なこと

　相談者さんは今抱えている悩みや問題を解決したいと願い、安心して相談できる人を探しています。

　カウンセラーは安心できる雰囲気づくり、表情、声のトーンなどを相手に合わせて、話しやすい状況をつくるなど、どれだけ相談者さんに寄り添えるかが大切です。

　また、アドバイスすることは通常の心理カウンセリングでは、ほぼ行いませんが、その時々によっては必要なことをアドバイスしなければならないことがあるかもしれません。そんな場合、ただ情報を提供するだけで、その内容を採用するかしないかは相談者さん本人が決めるように気をつけましょう。そして、必要ならば選択肢をいくつか用意しなければならないかもしれません。悩みを解決できるのはカウンセラーではなく、相談者さん本人しかできないのです。

カウンセラーに必要なもの

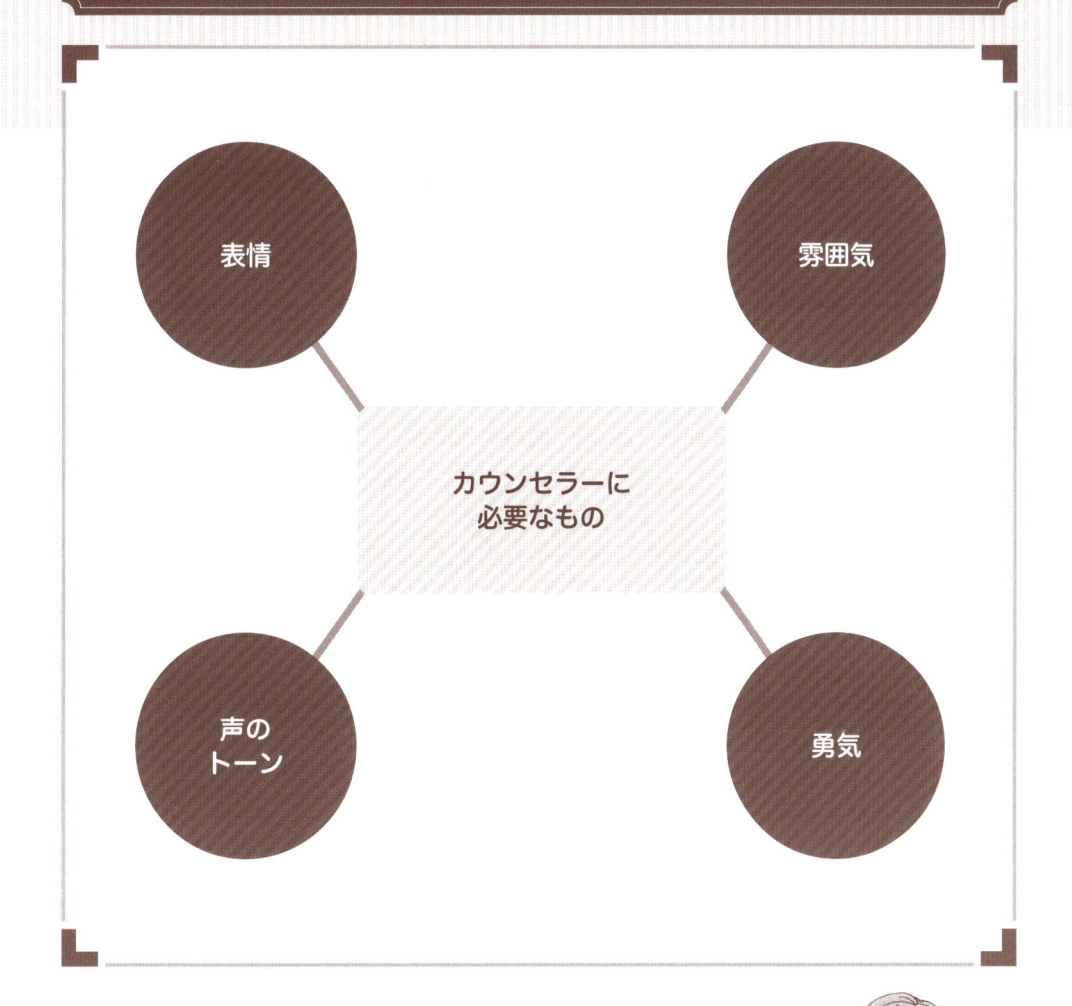

表情

雰囲気

カウンセラーに
必要なもの

声の
トーン

勇気

相談者さんが安心できるように
表情や声のトーンなどの雰囲気づくりを
工夫してみてくださいね。

なぜカウンセラーに
なろうと思ったの？

 あなたがカウンセラーになろうと思った理由は？

　あなたは、なぜカウンセラーになろうと思ったのでしょうか？　カウンセラーという職業に憧れがあったからでしょうか？　自分がカウンセリングを受けることによって生き方を改善することができたからでしょうか？　誰かの役に立ちたいと思ったからでしょうか？

　自分がカウンセラーになろうと思った理由をもう一度振り返ってみてください。あなたがカウンセラーになろうと思った理由があなたの初心、原点です。そこから「このように活動していきます」といった理念が生まれてきます。今後、あなたの軸がブレたときにも、その理由が初心、原点に戻してくれるはずです。

　あなたがカウンセラーになろうと思ったときの気持ちを忘れないように、毎年の手帳のわかりやすいところに書いておくことをオススメします。

 カウンセリングをお仕事にするということは

　カウンセリングをしていると、恋愛や結婚について・仕事や職場の環境・人間関係・家族の問題・夫婦の問題・就職や転職・子育ての悩み・お金の不安・将来の不安・コンプレックス・心や体についての健康の問題など、いろいろな話を聞くことになると思います。

　ときには、今まで誰にも打ち明けることができなかった、とても大きな問題を聞かされるかもしれません。そのような話を聞きながら「それは違うな」とか「こうすればいいのに」という、あなたの考えや思いが生じてくることがあるかもしれませんが、話は最後まで遮らないように気をつけて、相談者さんが今まで溜めてきたことを全部出しきれるように、優しく寄り添ってあげてくださいね。

カウンセラーのお仕事は悩みを聞くこと

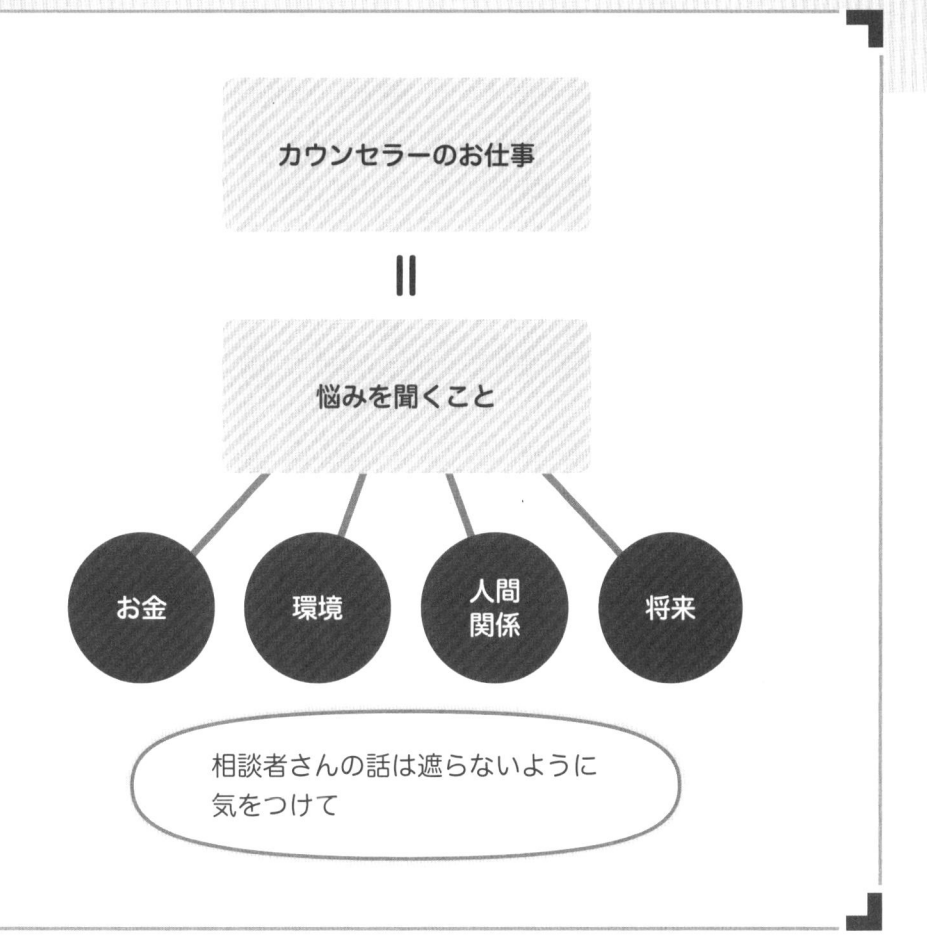

カウンセラーのお仕事

＝

悩みを聞くこと

お金　環境　人間関係　将来

相談者さんの話は遮らないように
気をつけて

あなたがカウンセラーになりたいと思った
最初の思いがこれからのあなたを
支えてくれます。

どんなカウンセラーになりたいか

 カウンセラー像を明確に

　一言でカウンセリングと言っても、さまざまな種類の資格があります。資格を取得しないで、今までに経験したことのみでカウンセリングの仕事をしている場合もあるかもしれません。

　まずは、あなたが、どのようなカウンセラーになりたいのか？　または、相談者さんにどのようにかかわっていきたいのか？　など、あなたが「こんなふうになりたいな」という「なりたいカウンセラー像」を明確にしておくことが大切です。

　目標にしたい人や憧れの人などがいればイメージしやすいのですが、目標にしたい人や憧れの人などがいない場合は「こんなカウンセラーになる（なりたい）」という「あなたなりの目標」を考えてみてくださいね。自分がなりたいカウンセラー像を明確にしておくと、これからメニューづくりや空間づくりが行いやすくなります。

 あなたの役割とは？

　あなたがカウンセラーになろうとしているのには理由があるはずです。

　たとえば、あなたが過去に悩んでいたことをカウンセラーに相談して解決できたことがキッカケで、自分もカウンセラーになりたいと思ったのかもしれません。

　あなたが相談者さんの未来を信じて、自身の経験を話すことも癒しにつながることがあります。相談者さんの話を全部聞き終えた後で必要だと感じたときは、あなたが過去に悩んだことや乗り越えてきた経験、失敗談などを話してみてもいいかもしれません。あなたの役割は相談者さんに「大丈夫。未来は明るい」と思ってもらうことかもしれませんよ。

理想のカウンセラー像を描こう

自分の目標
どんなカウンセラーに
なりたい？

資格
今もっている資格は？
これから学ぶ必要が
あることは？

理想の
カウンセラー像

憧れの人
こんなカウンセラーに
なりたいという
憧れの人は
いますか？

経験
今まで
乗り越えてきたこと、
失敗したことって
どんなこと？

あなたが相談者さんの未来を信じることで、
相手に「大丈夫、乗り越えられるよ」という
思いが伝わります。

人気のカウンセラーの特徴

 ここに気をつければ人気のカウンセラーになれる

　これからカウンセリングを仕事にしようとするとき「自分にできるのかな？」「仕事として続けていけるのかな？」と不安や心配が生じてくるかもしれません。

　これらの不安や心配は今までに経験したことがないことに挑戦しようとするときに必ずと言っていいほど感じるものなのです。ということは、あなたは今、正しく道を進めている証拠なので、安心してくださいね。そして今からお伝えすることに注意してください。

　それはできない理由を探すこと、ダメかもしれない理由を探すことをやめることです。「なぜ人気のカウンセラーになれないのだろう？」とか「なぜ相談者さんが安心して過ごせないのだろう？」というように、不安や心配に意識を向けた思考ではなく、不安や心配事を解決していけるような質問を自分に投げかける習慣を身につけてください。

　解決していける思考「どうすれば○○できるのだろう？」がクセになってくることで、相談者さんの話を聞きながら、問題の解決方法が自然とわかってくるようになってきます。

　相談者さんは話しながら、あなたの雰囲気を感じ取っています。あなたが自分自身の問題で不安や心配を抱えているときには、相談者さんにさらに不安や心配を感じさせてしまうことになってしまうかもしれません。

　そうならないためにも自分自身の思考をコントロールできるようになりましょう。解決できる思考を自ら身につけることで、相談者さんに安心感を与え、しっかりと寄り添うことができて、余裕をもってサポートができるようになります。

　これからは、あなたの在り方や雰囲気がとても大切なのです。

解決していける思考になろう

 **解決できるような思考**

例 どうすれば解決できるのだろう？
どうすれば続けられるのだろう？

 **できない理由を探してしまう思考**

例 なぜ解決できないんだろう？
なぜ続けられないんだろう？

相談者さんはあなたを見ています。
不安を与えないようにしましょう！

相談者さんに安心してもらえる
表情や雰囲気でいることを忘れないよう
常に意識しましょうね。

人気のカウンセラーになるために
必要な３つの基本姿勢

 カウンセラーとして意識すべき姿勢

　もしあなたが相談者としてカウンセリングを受けようと思うとき、どのようなカウンセラーに話を聞いてもらいたいと思いますか？

　本当は自信がないけれどカウンセリングしています、というような弱々しい雰囲気の人に相談したいと思うでしょうか。

　逆に自信満々で、なんでも自分の言うことを聞きなさい、というような高圧的な人のもとに相談に行きたいと思うでしょうか。

　どちらも極端すぎる例ですが、相談者さんに与えるイメージ（雰囲気）はとても大切です。

　それから、カウンセラーになろうと思ったあなたは、人の役に立つことが大好きで、人に親切にできる優しい人だと思います。人の役に立ちたくてカウンセラーになることを決めたのかもしれません。

　しかし、あなたの思いが強すぎると相談者さんに負担や違和感を与えてしまうこともあるのです。自分がどのようなタイプなのか、人にどのような印象を与えるかをお友達に聞いてみるのもいいかもしれません。そして相談者さんに安心感や話しやすさを感じてもらえるように表情や声の大きさやトーンなどを意識してみてくださいね。

　雰囲気には、あなたがいつも思っていることが表れるものです。これからカウンセラーになろうと思っているなら

　①専門家・プロであるという姿勢

　②どのような悩みがあっても大丈夫と言う姿勢

　③相談者さん以上に未来を信じる姿勢

　これらを意識してカウンセリングをしてみてくださいね。

人気カウンセラーの3つの姿勢

①　専門家・プロであるという姿勢

「自分はプロである」と意識して
カウンセリングを行いましょう

②　どのような悩みがあっても大丈夫という姿勢

相談者さんのすべてを受け入れてあげると
解決へのヒントが引き出しやすくなります

③　相談者さん以上に未来を信じる姿勢

あなたが解決を信じることで
相手も明るい未来を描けるようになります

あなたの思いや姿勢は大切だけど、
相談者さんに対して押し付けがましさが
出ないように気をつけてくださいね。

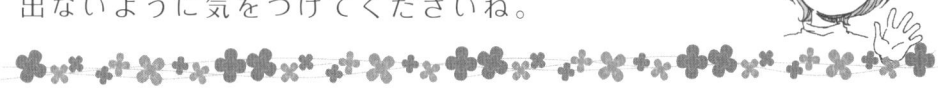

選ばれる人になるために

 あなた何の専門家ですか？

　あなたはカウンセリングの「専門性」を考えていますか？　恋愛専門、家庭問題専門、不登校専門、子育て専門など、いろいろありますが、あなたがこれから始めようとするカウンセリングは何のカウンセリングでしょうか？

　あなたは今、どのような悩みでもカウンセリングできると思っているかもしれませんが、専門性があった方が相談者さんはあなたに相談しやすくなります。

　もしまだ専門性を決めていないのであれば決めてみましょう。相談していくうちにさまざまな悩みを聞くことになるとしても、「専門性」はとても大切なのです。

専門性を考えるとき

　得意な分野があったり、好きな分野があればいいのですが、自分が何の専門家かと考えるときに、一つに決められず、どうすればいいかと考え込んでしまうかもしれません。そのようなときはもう一度自分の過去を振り返ってみてください。絶対に苦手なものがある場合は最初に外します。例えば、男性と話をするのが苦手だと思うなら、女性専門になりますよね。

　また、今までの人生で一番多く学んだこと、または携わったことを専門にする、という考え方もできると思います。

　そして最後に、今までに人から褒められたりしたことなどがあれば、その褒められた内容の専門家にも向いていると言えるかもしれません。

　振り返るときは頭の中で思考を巡らせるだけだと答えが出にくくなるので、紙に書きながら頭の中を整理していくようにしてみてくださいね。

選ばれる専門家になろう

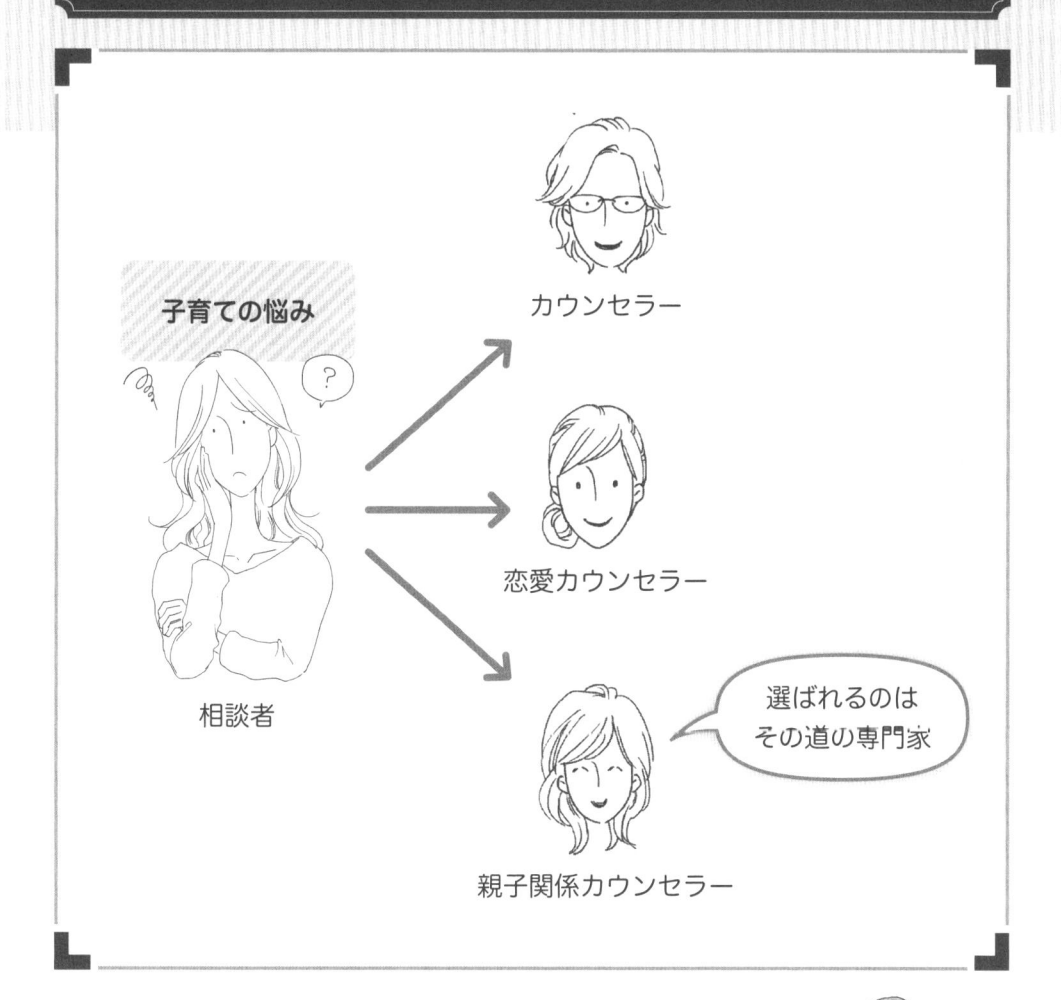

子育ての悩み

相談者

カウンセラー

恋愛カウンセラー

親子関係カウンセラー

選ばれるのは
その道の専門家

専門性とは、あなたが一番来てもらいたい人への
一言ラブレターです。
一目見てわかるようにしましょうね。

Lesson
08

ブレない自分をつくりましょう！！

 カウンセリング時間以外も、お仕事外ですよ

　カウンセラーとして相談者さんの話を聞くうちに、もっと楽にしてあげたいとか、解決できるようにしてあげたいと思ってしまうかもしれません。

　そこで、カウンセリングの時間以外にもメールや電話などで相談を受けてしまい、思った以上に時間を奪われてしまうことがあります。そして自分のプライベートの時間がなくなり、疲れや虚しさだけが残って、自己嫌悪に陥ってしまうカウンセラーもいるようです。

　そうならないためにも最初からプロのカウンセラーとしての姿勢（意識）をしっかりもって、仕事とプライベートをきちんと線引きする方がお互いのためになります。

　相談の内容によってはカウンセリング予約を促すことが必要なときもあると思います。自分から言いにくくても、プロのカウンセラーとして仕事をするという意識を忘れないでいてくださいね。

　もし、時間的に、体力的に、精神的に違和感を覚えたときは、カウンセラーとしての働き方、時間の使い方を見直すときです。

 わからないことは、わからないとハッキリと

　カウンセリングをしながらお話を聞いていくうちに相談者さんから、自分がわからないことを質問されたら、わからないとハッキリと答えて、調べることができそうなことであれば後で調べてお伝えするという対応をとりましょう。ただ、調べることに時間がかかる場合は、わからないと答えて終わることをオススメします。

　ここでも仕事の時間とプライベートの時間の線引きはしっかりとしておきましょう。

カウンセラーを長く続けるために

 わからないことは正直に伝えよう！

 誠意ある対応は好ましい結果をもたらす

ブレない自分をつくりましょう

あなた自身がカウンセラーとしてのお仕事を、
長く続けられるような工夫を
考えてみてくださいね。

愛され続けるためのチェックポイント

 たまにチェックするといいポイント

①専門性はアピールできていますか？

②じっくりと話を聞けていますか？

③相談者さんに寄り添えていますか？

④あなたの在り方や雰囲気は振り返っていますか？

⑤時間の使い方は無理していませんか？

⑥専門家・プロであるという姿勢でいますか？

⑦どのような悩みがあっても大丈夫という姿勢で向き合えていますか？

⑧相談者さん以上に未来を信じられていますか？

⑨相談者さんにとってわかりやすい言葉を使っていますか？

⑩自分なりのカウンセリングのステップをもっていますか？

　カウンセリングのお仕事は定期的に自分をチェックすることが必要です。

　うまくいっていないなと思うときはもちろんですが、たまには一旦立ち止まって上記の項目をチェックしてみてくださいね。

　上記のポイント以外でも何か改善点が見つかった場合は、その都度改善していきましょう。

　トライ→（エラー→）チェック→改善を繰り返すたびに、あなたなりの良さが構築されていきます。まずはカウンセラーとして第一歩を踏み出してくださいね。

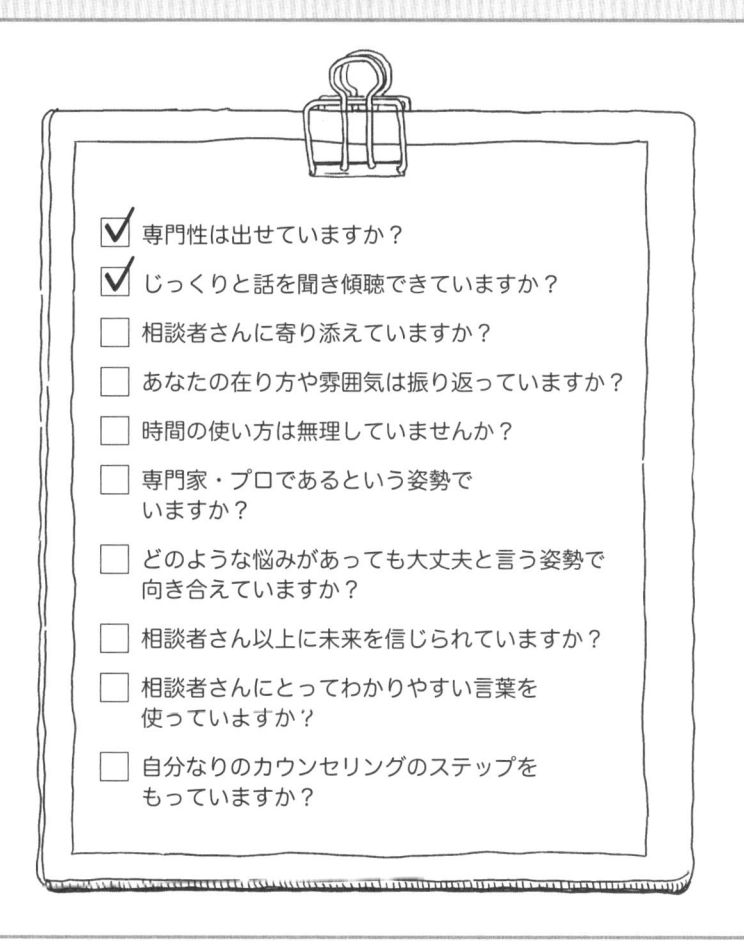

- ☑ 専門性は出せていますか？
- ☑ じっくりと話を聞き傾聴できていますか？
- ☐ 相談者さんに寄り添えていますか？
- ☐ あなたの在り方や雰囲気は振り返っていますか？
- ☐ 時間の使い方は無理していませんか？
- ☐ 専門家・プロであるという姿勢でいますか？
- ☐ どのような悩みがあっても大丈夫と言う姿勢で向き合えていますか？
- ☐ 相談者さん以上に未来を信じられていますか？
- ☐ 相談者さんにとってわかりやすい言葉を使っていますか？
- ☐ 自分なりのカウンセリングのステップをもっていますか？

うまくいかないときだけではなく、
うまくいっているときでも、
時々、自分をチェックしてみましょうね。

とにかくカウンセリングの仕事を始めてみよう

　カウンセリングというお仕事は、人の役に立つことができて、とてもやりがいのあることですし、とても尊いことです。ですが、裏を返せば他人の人生に関わることであり、相手の将来を左右するかもしれないことでもあります。

　こんなことを考えると重く受け止めてしまい、怖くなってしまうかもしれませんが、それだけ責任のあるお仕事であるということを自分の胸にしっかりと刻み込むことで、より質の高いカウンセリングができると思います。

　カウンセリングの時間は、ただ相手の話を聞くことだけで何もできないと思ってしまうかもしれません。しかし、ただ話を聞くだけでも、相談者さんが長い時間抱えていた大きな荷物を手放すお手伝いができるのです。あなたはサポートできているのです。

　今はまだ出会っていないかもしれませんが、あなたがカウンセリングをお仕事にすることを、どこかで待ってくれている人がいます。その人と出会うためにも、最初は勇気がいるかもしれませんが、まずはカウンセラーとしてのお仕事を始めてください。行動してください。

　行動できたら、次は、うまくいくことと、うまくいかないこと、今後に必要だと思うスキルや知識などがわかってきます。そのときは今までやってきたことを変えることを恐れないで、改善していってくださいね。

　そして、行動できている自分を褒めてあげてください。カウンセリングを通して相手のサポートをしているのですが、振り返ると自分にとっても学びと成長を得られる素晴らしい機会であることに気がつくと思います。無理することなく、あなたができるサポートをしてくださいね。

Chapter
2

人気の
カウンセラーになるための
5つのステップ

人気のカウンセラーとして
活動するための土台づくり

 これから活動するための土台づくり

　あなたが悩んだことや経験してきたこと学んだこと、すべてが、これから
カウンセラーとして活動するための土台になります。これからどのようなカ
ウンセリングをすればいいのか迷ったときは、過去の経験の棚卸をしてみて
くださいね。

 あなたの経験が誰かの支えになる

　過去に悩みや問題を乗り越えた経験は、カウンセラーにとっては宝物。自
分自身が悩んで苦しい、辛い、悲しいなどの感情を味わった経験、そして問
題を解決することができた経験は、きっとあなたと出会う相談者さんにとっ
て、大きな支えになるはずです。悩んで苦しんだことを乗り越えてきたから
説得力があると、私自身も相談者さんからよく言われています。

　過去の経験の棚卸で出てきたことを基本テーマとして、あなた独自（専門）
のカウンセリングメニューがつくれるはずです。

　悩みや問題があったからこそ、何かを学ぼうと思って知識や技術を身につ
けることができたのかもしれません。それらすべてを紙に書きながら棚卸を
して、過去に起きたこと、そのことにどのように向き合って、どのように解
決できたのか、これらの流れを具体的に話せるようになるまで自分の考えを
整理してください。

　自分が何を乗り越えて、カウンセラーになろうと思ったのか。あなた自身
がそれを把握することによって、相談者さんの気持ちが理解でき、深く寄り
添ってお話を聞くことができるようになります。ときには、あなたの体験を
話すだけでも、相談者さんは癒されたり、勇気をもてるようになることがあ
るのです。ぜひ棚卸をしてみてくださいね。

あなた自身の経験を棚卸しよう

あなたが過去に悩んだこと乗り越えたことは？

→ 例 人間関係、仕事、恋愛、子育て

どのように乗り越えたの？

→ 例 カウンセリングを受けた、本をたくさん読んだ

そのときの感情は？

→ 例 辛かった、苦しかった、早く楽になりたかった

乗り越えた今だから思うことは？

→ 例 ムリするのをやめた、もっと早く相談すればよかったと思った

人の役に立ちたい
自分の過去の経験を活かして人を支えたい

…だけでなく、より詳細に紙に書いてみましょう

大きい小さいは関係なく、
あなたが過去に味わった経験や感情
それらはすべて宝物になりますよ。

カウンセリングのゴールはどこ？

あなたのカウンセリングを受けるとどうなるの？

相談者さんは、今抱えている悩みや問題を解決して、苦しい状況、苦しい思い、苦しい感情がなくなって楽になりたい。そのためにカウンセリングを受けてみようと思います。話を聞いてもらうことだけでも楽になることも多いのです。

ただ同時に、カウンセリングを受けることで、本当に今抱えている悩みや問題を解決して楽になれるの？　と疑問にも思っています。無意識のうちに心の中で解決したい思いと解決できないかもしれないという相反する思いが綱引き状態になり、より苦しくなってしまうことがあります。それによって、悩みや問題が解決できない時間を長引かせてしまう可能性もあるのです。

相談の内容によってですが、今抱えている悩みや問題が解決したら「何ができるようになるの？」「どんな気分になるの？」「今まで頑張ってきた自分にどんなご褒美をプレゼントしたい？」など未来に意識を向けられるように促してみましょう。

多くの相談者さんのゴール設定は悩みや問題がなくなることで、その先の設定ができていないことがほとんどです。カウンセラーであるあなたが、相談者さんが解決した先の、楽になった未来や楽しくなった未来を見せてあげてください。

無理に明るい未来を提供するのではありません。あくまでも相談者さんが問題を解決した先に感じたい未来、体験したい未来を自分で創造できるようなカウンセリングを心がけてみてくださいね。

問題が解決した先を見せてあげる

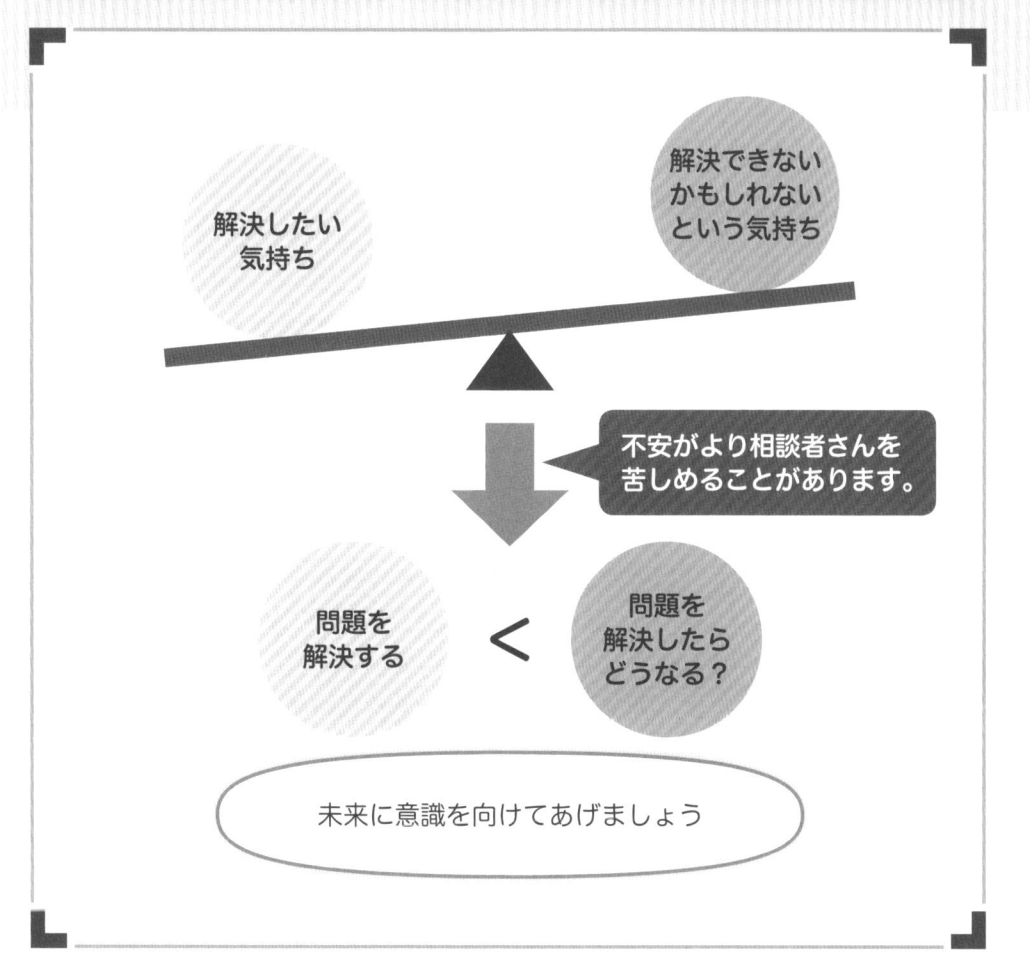

解決したい
気持ち

解決できない
かもしれない
という気持ち

不安がより相談者さんを
苦しめることがあります。

問題を
解決する

＜

問題を
解決したら
どうなる？

未来に意識を向けてあげましょう

普段から未来に向かうための質問を
自分に投げかけるようにして、
質問の練習をしてみてくださいね。

口コミが起きる３つの秘密

 口コミが起きる不思議

　自分でカウンセリングのお仕事を始めるとき「集客できなかったらどうしよう」と不安に思いますよね。私自身もセミナーに行って学びはじめた頃に、周りのみんなが「集客が大変だ」と口々に話していたことを、10年経った今でも鮮明に覚えています。そして今の私は、ほぼ口コミでカウンセリングのお仕事ができています。口コミが起きるって不思議ですよね。

　口コミが起きる人には共通点があります。右ページにまとめてみたので参考にしてくださいね。

 誰かに紹介してもらう場合の注意点

　仲間やお友達、または家族や知り合いから紹介してもらうときに必要なことは「このような人がいたら紹介してね」と伝えることです。ただ「カウンセリングを受けたい人」と伝えるのではなく、あなたの専門とすること、あなたが得意なことで、解決したい悩みがある人を紹介してほしいと、詳細に伝えましょう。

　あなたが何の専門家であるか、どのような人に来てもらいたいか、カウンセリングを受けることでどのような効果やメリットがあるかも伝えておくと、よりいいです。明確な方が周りの人は紹介しやすいのです。

　① あなたの専門、または得意なこと

　② どのような人に来てもらいたいか

　③ あなたのカウンセリングを受けることの効果、メリット

　これらを明確にして伝えていくことで口コミは起きやすくなります。

口コミが起きる仕組み

❶お友達に紹介してもらう

カウンセラーの仲間や講師、セラピスト、その他、家族やお友達に自分の仕事を話して紹介して応援してもらう。

❷相互紹介

カウンセラーの仲間や講師、セラピストさんと相互で紹介しあうことでお互いに応援しあう。

❹知らないところで 紹介が起きている

相談者さんの悩みに深く寄り添い解決へと導くことで「相談するなら○○さんのところにいったらいいよ」と意図しないところで紹介が起きている。

❸カウンセリングに来た 相談者さんのお友達など に紹介してもらう

お友達紹介キャンペーンなどの料金設定をして紹介してもらう。
周りの人で「あなたの専門分野の問題」を解決したい人がいたら紹介してくださいと伝えておく。

口コミが起きる仕組みを理解しよう！

口コミ紹介してもらえるようになるために
人格や技術的なことなど、
自分自身をしっかり磨きましょうね。

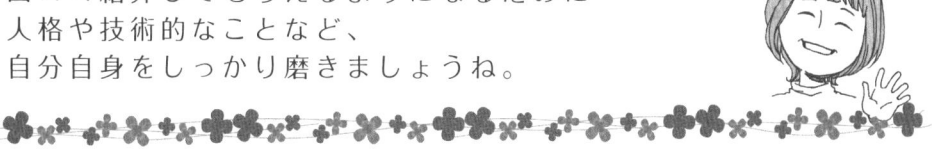

カウンセラーとして
やってはいけないこと

 仕事とプライベートの境界線がない

カウンセリングを何度か行って、深い話をするうちに個人的にも親しくなることがあります。このときにある程度のルールを決めておかないと、あなたのプライベートの時間がなくなっていくことがあるので、気をつけてください。

たとえば「いつでも相談してくださいね」と言ってしまったために、長文のメールが何通も届くことがあります。メールの返信は意外と時間がかかってしまうものです。他にも、昼夜を問わず電話がかかってきたりすることもあります。これでは、あなたのプライベートな時間がなくなってしまいますよね。

メールは返信までに時間がかかるかもしれない、何時以降の電話は出られない、カウンセリングや他の用事で電話に出られないことが多いということをあらかじめ伝えておきましょう。仕事とプライベートの線引きを意識的に行うことをオススメします。どうしても相談したいことがあるのなら、メールや電話でなく、カウンセリングに来るように促しましょう。

 相談者さんの依存を招く行為

相談者さんはどんなことでもあなたに答えを求めてくるかもしれません。

カウンセリングをお仕事にしようとする人は優しい人が多いので、つい相談者さんのためだと思い、相手のペースに合わせてしまう傾向があります。そのせいで自分の専門から大きくそれるような内容や、時間をかけて調べなくてはいけないような内容までも引き受けてしまうかもしれません。

相談者さんのすべてをあなた一人で背負う必要はありません。あなたの専門外のことは、その内容の専門家に相談するように伝えましょう。

やってはいけないことの基本

必ず守ってください（最重要）

カウンセリングをお仕事にするということは、相談者さんのプライバシーにかかわるさまざまな秘密を取り扱うことになります。そこで「守秘義務」を必ず守るという約束があります。ついうっかりでは済まされることではありませんので、慎重に取り扱うことを常に意識においてください。

自分なりのルールをつくって、
ときどきチェックしてみてくださいね。

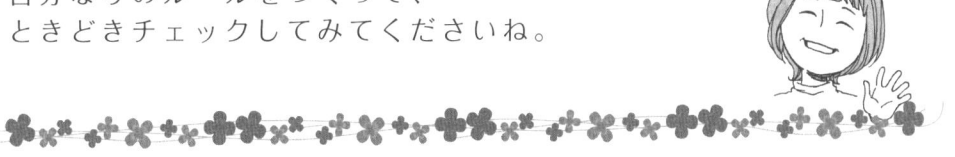

人気のカウンセラーになるために
やるべき５つのステップ

ステップ①　５年後のセルフイメージを考える → 詳細は 48 ページへ

　今から人気のカウンセラーになると自分に宣言しましょう。これから、あなたがカウンセラーの仕事をするためには土台が大切になります。自分にいくつかの質問をしながらセルフイメージを設定しましょう。

ステップ②　未来のゴールを決める → 詳細は 50 ページへ

　悩みが解決した世界を自分で感じられるようになると、自然とチカラがわいてきたり、未来に向かって行動できるようになります。悩みが解決した世界へと相談者さんが自然に向かっていけるような質問を投げかけられるように工夫してみましょう。

ステップ③　型から出る勇気 → 詳細は 52 ページへ

　カウンセリングするうえで基本のカタチはとても大切なのですが、基本に縛られることによって質の高いカウンセリングができなくなるのはもったいないです。臨機応変に、柔軟に対応できるようになってくださいね。

ステップ④　あなた自身の魅力を知る → 詳細は 54、56 ページへ

　自分の魅力を知っていると、相談者さんにより安心してもらえ、より多くの希望や勇気を与えることができ、より質の高いカウンセリングができるようになります。あなたの中にあるタカラモノを見つけてくださいね。

ステップ⑤　自分のメンテナンスも大事 → 詳細は 58 ページへ

　相談者さんの未来を信じたいけれど、あなたが弱気になってしまい、信じられなくなるときがやってくるかもしれません。そうならないためにはあなた自身のメンテナンスが必要です。

一つひとつのステップがあなたの価値をつくる

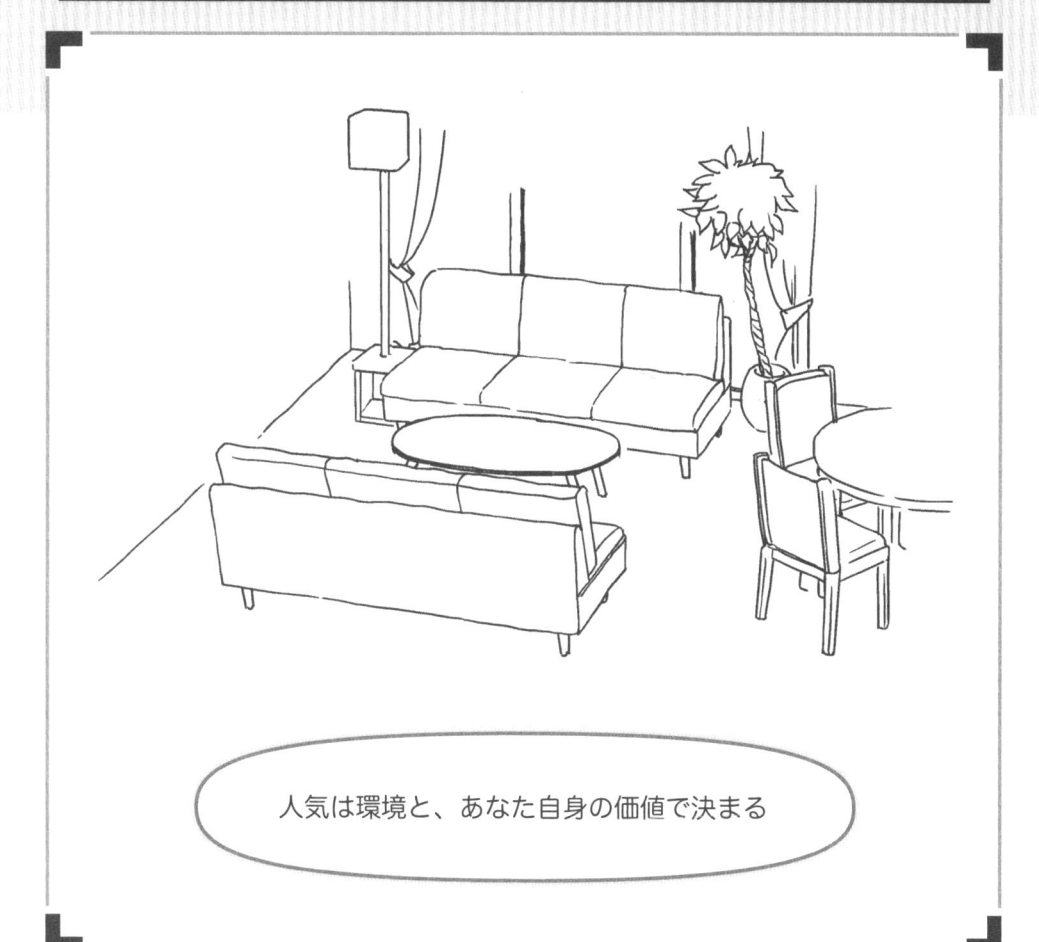

人気は環境と、あなた自身の価値で決まる

深く寄り添いながら
質の高いカウンセリングが行えるように、
あなたにできることを考えてみてくださいね。

ステップ1
5年後のセルフイメージを考える

 セルフイメージで、これからのあなたの未来が決まる

　あなたはセルフイメージという言葉を聞いたことありますか？　セルフイメージとは「自分はこのような人間です」と強く思い込んでいる自分像のこと。仕事や人間関係においても、夢や目標を叶えるにあたっても、「あなたのセルフイメージによって、これから起きる出来事が変わってくる」とよく言われます。

　これからあなたがカウンセラーの仕事をするにあたっての今の気持ち、楽しみなことも不安なことも書き出して、感じてみてください。

　次に、今から5年ほどの年月が経過して、順調にカウンセラーの仕事をしている自分を想像してみましょう。

　いかがですか？　5年後のあなたは、今のあなたと同じことで同じように感じているでしょうか？　5年の時間が経っているということは、カウンセリングした回数が今とは違うので、今のあなたと5年後のあなたとでは、まるで別人のようにセルフイメージが違っていると思いませんか？

　たとえ今のあなたが、自信がなくて「これからどうしよう」と思っていたとしても、カウンセリングのお仕事を続けていれば、5年後のあなたは、今感じている「これからどうしよう」という思いは抱いていないはずです。もし今、不安になっているとしたら、それは「人気のカウンセラーになる！！」と決意しきれていないのかもしれません。

　5年後のカウンセラーとしての自分を想像できたなら、自分はそうなると、もう一度自分に宣言して、考え事をするときは5年後の成功している自分だったらどう考えるかを想像するようにしてみてくださいね。

5年後の成功しているあなたならどう考えるか？

不安

自信

楽しみ

人気のカウンセラーになる決意

「未来の成功している自分なら
どう考えているか？」
この考え方を身につけてくださいね。

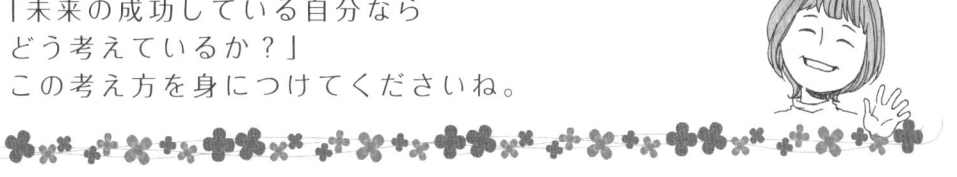

ステップ2
未来のゴールを決める

 思考や感情の整理をお手伝い

　これまでカウンセリングすることによって、あなたはどうなりたいのか、相談者さんにどうなってもらいたいか、などを考えてきました。

　カウンセリングを仕事にするということは、相談者さんの悩みや問題に一緒に向き合い解決できるように、または解決に近づくことができるようにサポートするということ。このときカウンセラーは状況に応じて話を聞くことで、相談者さんの思考や感情の整理をお手伝いしていきます。これだけでも相談者さんは楽になっていくと思います。

 「話を聞くこと」の次に考えること

　人気のカウンセラーになるためには、もう一歩深く、踏み込んでみましょう。

　この次に考えることは、相談者さんにどのような未来を生きてもらいたいかを想像することです。この部分は相談者さんに「そうなってほしい」と期待することではなく、ただ想像するだけです。

　そして相談者さんがそのような未来を生きることによって、相談者さんの家族やお友達、または会社などで関わっている周りにいる人みんなに、どのような影響を与えることになっていくのかを想像してみてください。

　あなたがカウンセリングすることによって相談者さんだけではなく、相談者さんの周りにいるすべての人にも素晴らしい影響を与えることができているところを想像しましょう。あなたが、目の前で話をしている相談者さんの未来を信じて、寄り添いながら話を聞くことで、優しく愛で満たされた笑顔の世界を創造できる可能性があるのです。そのようなことを意識しながらカウンセリングしてみてくださいね。

　近い未来にそうなることを信じて、でも焦らずじっくりと歩みを進めていけるように、カウンセリングを通してサポートしてみましょう。

未来の相談者さんを想像する

普通のカウンセラー

| ゴール | ＝ | 問題解決 |

人気のカウンセラー

| ゴール | ＝ | 解決後の未来 |

先を見据えたカウンセリングは
これまで以上に深いカウンセリングにつながります

ゴール設定は、
近いゴールと遠くのゴールのように設定して、
完璧を求めないようにしましょう。

ステップ３
型から出る勇気

 **基本は大切**

さまざまな経験をして人の相談を聞いているうちにカウンセラーになった人がいるかもしれませんが、カウンセラーになるためにスクールに通って知識や技法を学んだ人も多いと思います。そして、スクールに通って学んだ人は「このようにするといい」という絶対ルール的な内容を教わったかもしれません。このような基本の知識はとても大切です。

そして、これまでに述べてきたカウンセリングの専門性やゴール設定もすべて、カウンセリングをするにあたっての基本となり、型になります。

これらの、すべての基本（型）があるから、自分や相談者さんが安心できる面がたくさんありますし、スムーズにカウンセリングが行われます。

基本よりも大切なこと

スクールで教わったことだけで、満足できるカウンセリングができていれば、そのまま続けていけばいいのです。しかし、カウンセリングの内容（テーマ）によっては、それでは物足りなくなったり、縛りがきつくて辛くなったり、カウンセリングではなくコーチングのようなことが必要になるかもしれません。

もし、このように何か違うことが必要だと感じたら、基本の型から出る勇気をもって、あなたが信じることを行ってみてください。カウンセリングの知識や技法が大切なのではなくて、相談者さんが楽になったり、抱えている問題を解決することが何よりも一番大切なことなのです。

相談者さんの悩みの内容によっては
スムーズにいかないこともあるでしょう

どれだけ自分自身の制限をなくして
柔軟に対応できるかが可能性を広げます。
チャレンジをしてみてくださいね。

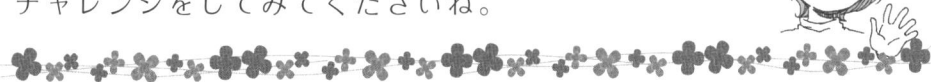

ステップ4
あなた自身の魅力を知る

 あなたの中に眠る宝探し

　あなた自身が過去に悩んだこと、問題だと思ったことを振り返り、これらをどのように解決したのか、乗り越えてきたのかを書き出してみましょう。このとき、一番はじめにあなたが過去に悩んだこと、問題だと思ったことを書き出してみてください。

　次に解決しようとか乗り越えようと思ったキッカケを書き出してみてください。

　そして乗り越えようと頑張ったときの感情や考えたことなど、覚えている限り書き出してみてください。誰かに助けを求めたとか、何かを購入したとか、セミナーに行ったとか、本を読んだとか、ささやかなことでもかまいません。

　これらが、いつかカウンセリングに役立ち、相談者さんの希望になるかもしれません。そして、自分にもできるかもしれないという勇気を誰かに与えるかもしれません。

 あなたの中にある宝物

　あなた自身が過去に悩んだこと、問題だと思ったことを振り返り、これらをどのように解決したのか、乗り越えた後にどのような変化が起きたか。たとえば、考え込まなくなったとか、落ち込む期間が短くなったなど、自分なりに感じた変化を書き出してみてくださいね。

自分の魅力を書き出そう

過去に悩んだこと

➡ 例 過食症、パニック障害、うつ、引きこもり

乗り越えようと思ったキッカケ

➡ 例 尊敬する恩師からの励まし

乗り越えるときの感情や考え

➡ 例 心理学の本を読んで自分を冷静に見つめた
セミナーに参加して目標ができた

乗り越えてどうなったか

➡ 例 カウンセラー、講師

乗り越えた後の変化

➡ 例 考え込まなくなった、落ち込む期間が短くなった

あなた自身の魅力が
カウンセリングの質につながり、
無理のないカウンセリングができるようになります。

ステップ４
あなた自身の魅力を知る２

 こんな宝物もあります

　前ページで、あなた自身が過去に経験してきたことが、カウンセラーとしての魅力になると述べました。このときに、過去のことをあまり思い出せなくてどうしようと困ったとしても、大丈夫です。

　もし、あなた自身のことがあまり思い出せなかった場合は、友達や家族の体験談をインタビューするなどして、自分以外の誰かの体験談を集めておくことをオススメします。この場合、ぜんぜん知らない人よりも、できるだけ会ったことのある身近な人の方が臨場感があり、相談者さんに話をするときに伝わりやすいです。

 こんなにもあった、あなたの魅力

・あなたの見た目や声などの雰囲気
・あなたが過去に乗り越えた経験
・乗り越えようと思ったキッカケやそのときの感情など
・どのように乗り越えたか、そのやり方
・乗り越えてどのような変化が起きたか
・自分ではなく他の人の体験談の知識

　他にも、カウンセリングを続けるうちに相談者さんの参考事例も増えてきます。これらすべてが、あなたのカウンセラーとしての魅力になります。

　あなたが自分自身のカウンセラーとしての魅力を自覚してカウンセリングすることで、相談者さんの未来を相談者さん以上に信じられるようになります。あなたが経験豊富でなくても相談者さんに安心感が伝わるのです。

解決した相談者さんの数だけ、あなたの魅力が増えていく

担当した相談者さんの参考例

＝

カウンセラーとしての魅力

＝

相談者さんへの安心感

あなたが過去に経験したことだけではなく
お友達や家族の経験談を多く知っていることも
相談者さんにとっての安心感につながります。

ステップ5
自分のメンテナンスも大事

 自分のメンテナンスも大切です

　カウンセラーとしてスタートして間もなくの頃に起きがちなことがあります。それは、カウンセリングで相談者さんの話を聞いていくうちに、相手の弱気に引っ張られてしまい、カウンセラーである自分まで迷いはじめるということです。

　相談者さんは「悩みが終わらなかったらどうしよう」「解決できなかったらどうしよう」と、変われないことにばかりフォーカスをして、それに囚われている時期が長く続くケースがあります。

　このときにカウンセラー自身がいつまで続くのだろうと不安になってしまったり、後退しているような気になって嫌気がさし、相談者さんに深く寄り添えなくなってしまうことがあるのです。

　そうなると、カウンセリングのお仕事自体が苦痛になり、カウンセラーをやめたいと思ってしまうかもしれません。

　そんなときに、相談できるカウンセラー仲間や、先輩カウンセラーさんと連絡をとりあえる状況を整えておくと、意志がブレにくくなります。あなた自身がメンテナンスできる状態をつくることで、相談者さんの未来を信じてカウンセリングができるようになるのです。

 困ったときは

　カウンセリング中に相談者さんが極度の緊張状態になったり、暴力的な発言や自殺をほのめかすような発言があるかもしれません。このような場合は、自分だけで対応しようとしないで医師へ連絡する、または相談者さんへ病院の診察を受けるように話す必要があります。相談者さんが、ただ承認欲求を満たしたいだけなのか、医師の診察が必要なのかを見極めなければなりません。あなた自身が相談できる先生や仲間の連絡網があると安心です。

相談者さんが病院に行く必要がある場合もある

かまってもらいたい！

大切に
扱ってもらいたい！

もしかして承認欲求を満たすためかも？

場合によっては、早めに
医師による診断を受けさせる必要もある！

もし自分の手に負えないことがあったとしても、
決してあなたの力不足ではないと
割り切ることも大切です。

開業届を出しましょう！！

 個人でお仕事をするために必要なこと

カウンセラーとしてお仕事を始める前に準備しておいた方がいいことがあります。

● **開業届を提出する**

会社をつくるのではなく個人で仕事をする場合は、「個人事業主」の届け出が必要です。現住所、または運営しようとするサロンの所在地の管轄税務署で「個人事業開業・廃業等届出書」を提出しましょう。税務署で直接用紙を受け取り、その場で記入して提出するか、国税庁のホームページから届出書をダウンロードして記入し、税務署へ郵送する方法もあるようです。税務署へ持参する場合は、その場で受領印を押してもらい、コピーを受け取ることができるのですが、郵送の場合はコピーを返信してもらうために、切手を貼った返信用封筒も同封するようにしましょう。

 レンタルオフィスのときはどうするの？

ホームページで申し込みを受け付ける場合は特定商法取引法に基づく表示が必要です（特定商法取引法については消費者庁のホームページを参照ください）。一人暮らしの女性に多いケースですが、個人で開業する際に、自宅の住所をホームページに記載したくないという理由でレンタルオフィスを使用することがあります。このとき、開業届の提出はレンタルオフィスの所在地の管轄税務署へ、レンタルオフィスの住所で行うことが可能なようです。詳しくは税務署や消費者庁へ問合せてみてくださいね。

開業届の書き方

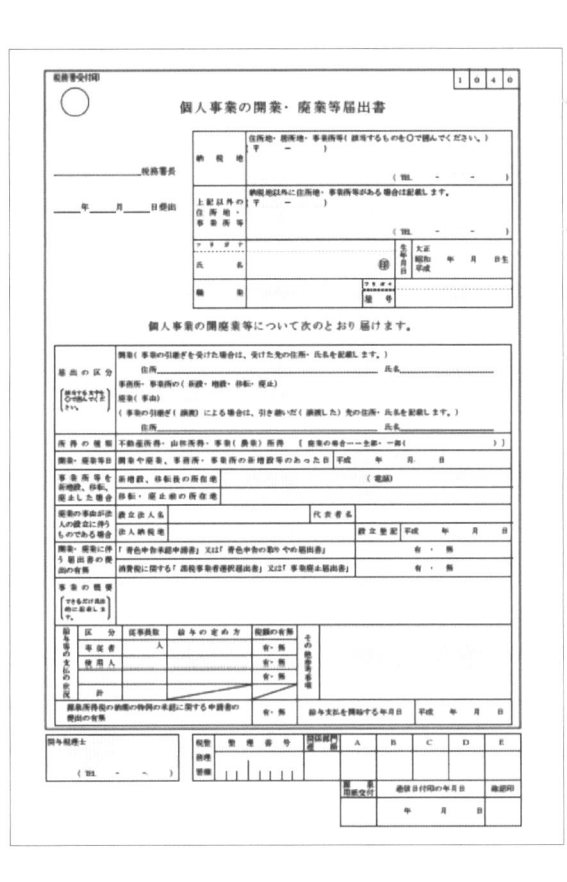

お金をいただくなら
必須

管轄の税務署へ

郵送でも持参して
届け出ても OK

カウンセリングを仕事として始めるために、
早めに開票届を出して「プロである自覚」の
スイッチを入れましょう。

お仕事専用の通帳をつくりましょう

 仕事専用の口座を開設しましょう

カウンセリング料の振込みをしてもらうために専用の通帳があった方が、入出金の管理をするときや、確定申告のときに混乱しなくて便利です。

個人名の口座でもかまいませんが、屋号入りで口座をつくることで、仕事用とプライベート用の通帳をわけることができ、お仕事モードにスイッチが入ります。

開業届を提出していれば屋号入りで口座をつくれる銀行があります。

それぞれの銀行によって登録法や必要なものが違い、屋号入りの口座が開設できるできないも異なるようです。銀行によっては、事業用口座が有料の場合があるそうです。詳しくは銀行に問い合わせてくださいね。

私の場合ですが、開業届を提出した後に屋号入りの口座を新しく開設して、しばらくその口座で活動していました。

数年経ってから、ゆうちょ銀行の振込口座はありませんか？　という問い合せが多くなったので、現在、振込んでいただく口座は、ゆうちょ銀行の個人口座にしています。もちろん、ゆうちょ銀行でも屋号入りの口座がつくれるようです。

屋号入りの口座をつくることによって、引き締まる思いで仕事に向き合うことができました。開業したときに屋号入りの口座を開設してよかったと思っています。

お仕事専用の通帳をつくりましょう

屋号入り口座開設に必要なもの

・開業届の控え（コピーではなく原本）
・本人確認ができる書類・印鑑
・屋号が記載された公共料金の領収書
・屋号が記載された郵便物
・ウェブサイトのコピー

お仕事用

プライベート用

サイフも口座もわけて管理しましょう

仕事専用の通帳をつくることは、
仕事とプライベートの切り替えだけではなく
モチベーションを上げる効果があります。

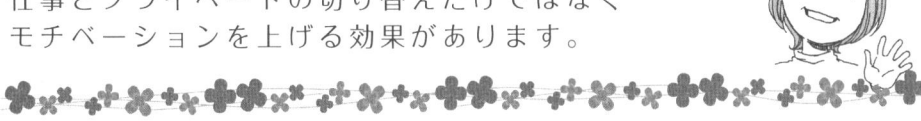

> **Column**

弱気になってもカウンセリングの仕事は続けよう

　カウンセリングを仕事にして数回カウンセリングを行ってみると、これでいいのかな？　と不安になるかもしれません。

　うまくカウンセリングできているのか、できていないのか気になったり、少しつまずくことがあったとき「他の人は、こんなときどうしているんだろう？」と疑問に思ったり、もっと他にできることがあるのかもしれないと思ってしまうこともあるでしょう。

　このときに考え込みすぎてしまうと、自分はなんてダメな人なんだと弱気になってしまい、カウンセリングの仕事をやめてしまいたいと思ってしまうかもしれません。

　でも、もし、そのように不安になって弱気になってしまったとしても、カウンセリングはそのまま続けてくださいね。カウンセリングを続けることによってカウンセリング中に答えが出てくることがあります。カウンセリング中に話を聞きながら、相談者さんに対して思うことが湧いてきたり、相談者さんへアドバイスしたいと思うことが自分に必要な言葉だったりすることがあります。

　だから、どんどん不安になったり、疑問に思ったり、迷ったり、悩んだりしてください。そうすることで相談者さんの気持ちに今まで以上に寄り添う素晴らしいカウンセリングができるようになるはずです。

　私の場合はカウンセリング終了時に感想を書いてもらう前後に、「今日はお話ししてみてどんなことを感じましたか？」など直接質問するようにしました。

　書いてもらう感想と同じ場合も多いのですが、その場で相談者さんの反応がわかったり改善点がわかったりすることで、不安がなくなりました。相談者さんにとっても振り返りができるので、お互いにとって良い結果になっています。

Chapter
3

カウンセリングの
場づくりのポイント

カウンセリングの空間選び

自分のサロンをもつ？

　これからカウンセリングをお仕事にするために、はじめからカウンセリングルーム（サロン）をもった方がいいですか？　と質問されることがあります。これはカウンセリングの内容によります。まず当然ながら賃貸物件でお部屋を借りると費用がかかります。それを支払える収入（売上）がないとリスクが高いです。お部屋を借りるだけではなく机やイス、その他にも細々と揃えるものがあるので、想像以上に出費がかさむかもしれません。

レンタルスペースを利用する？

　最近は各地にさまざまなレンタルスペースがあります。

　価格は地域やお部屋の広さなどによってさまざまですが、貸し会議室のようなところだけでなく、目的に合わせた雰囲気の部屋がレンタルできたりします。利用したい日だけ、さらに時間単位で借りることができるので、これからカウンセリングをお仕事としてスタートする人には費用がかかりすぎないのでオススメです。

ホテルのロビーやカフェを利用する？

　個室ではないのでプライバシーを完全に守ることは難しい場所ですが、相談者さんのお悩みの内容によってはホテルのロビーやカフェを利用することがあってもいいと思います。

　それからカフェでカウンセリングをする場合ですが、ドリンク代込みの金額なのか、ドリンクは別料金でいただくかなど、前もって相談者さんにお知らせしておきましょう。

それぞれのメリット・デメリット

自宅サロン

・新たな賃料などが発生しない分、初期投資を抑えることができる

・場合によっては家族に気をつかわせてしまうことも。また、生活感があってカウンセリングに不向きなこともある

レンタルスペース

・安価だが、時間が来たら出なくてはいけない

ホテルのロビー・カフェなど

・他人の声などが気になり、集中できないことも

・相談の内容が他人に聞こえてしまう危険性がある

とにかくスタートしてみると、
カウンセリングを行うごとに「こうしたい」と
理想や思いが定まることもありますよ。

相談者さんが安心できる 空間のつくり方

 カウンセリングに向いたお部屋づくり

①カウンセリングテーマ（専門性）に合っていますか？

カウンセリングをするために必要な環境づくりは、カウンセリングテーマ（専門性）によって変わってきます。相談者さんが男性なのか、女性なのか、年齢層は何歳くらいなのか、これらによって選ぶ物が決まります。相談者さんに合わせた色を選ぶようにしてみてください。できるだけシンプルな感じで仕上げるよう心がけるとうまくいきます。

よくわからない場合は、ホテルのロビーなどで使われている色などを参考に、落ち着いたものを選んでみてくださいね。

②安心感がありますか？　清潔感がありますか？

カウンセリングをする空間づくりなので原色系などの派手な色ではなく落ち着いた色を選ぶようにしてください。そして、小物もあまり置きすぎないようにして、安心感や清潔感のある部屋づくりを意識してくださいね。

③快適な環境ですか？

二人で座って話をするための空間は、広すぎても狭すぎても落ち着かない場合があります。なにかしらのワークを行う場合は、そのスペースは必ず確保しておきましょう。

④その他、気をつけるといいこと

清潔であることが基本です。マットが汚れていないか、トイレのタオルはマメに交換し、トイレットペーパーも常に残量確認をしてマメに交換することも意識しましょう。

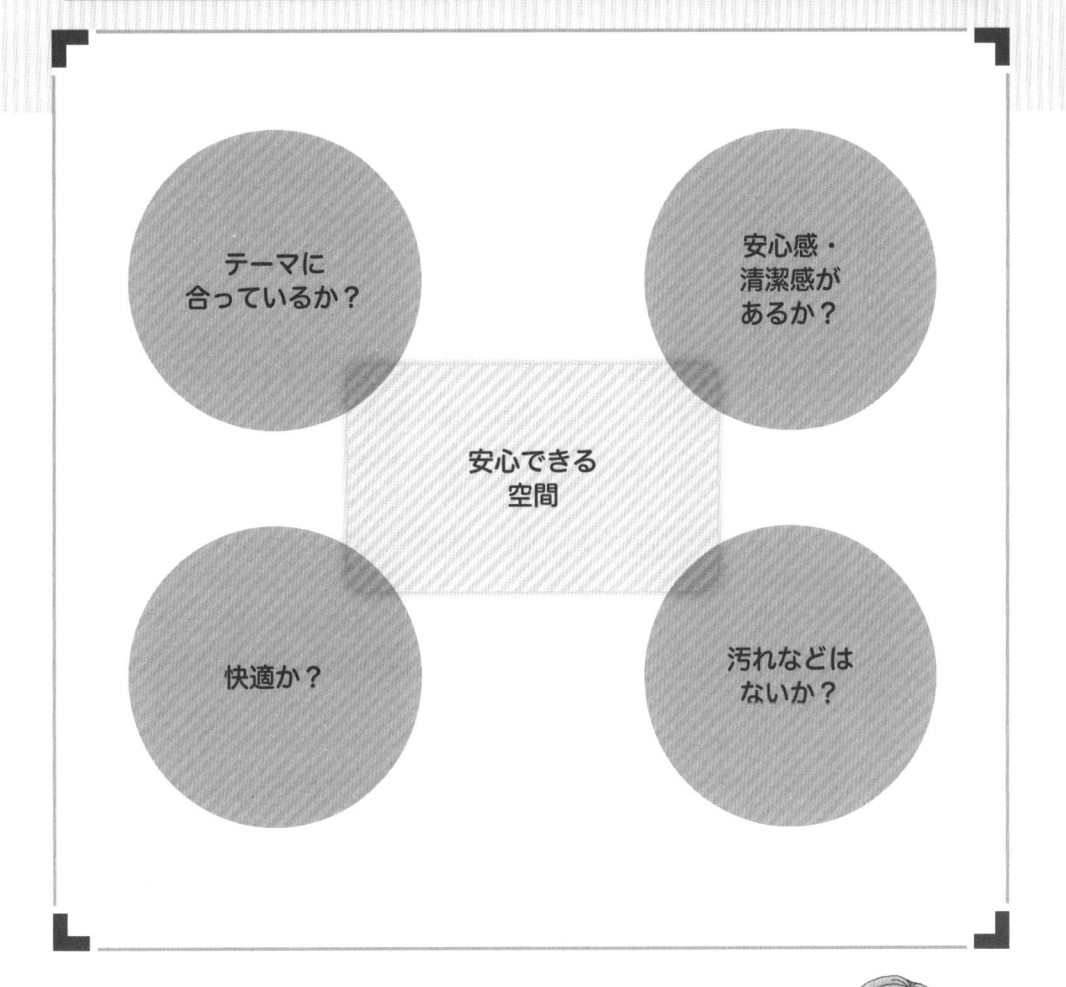

テーマに
合っているか？

安心感・
清潔感が
あるか？

安心できる
空間

快適か？

汚れなどは
ないか？

カウンセリングルームは、「あなたの趣味のお部屋
ではない」ということを自覚し、シンプルかつ
統一感を心がけ、清潔感と安心感を演出しましょう。

カウンセリングは
空間のチカラも大切

 相談者さんへ与えている影響

　カウンセリングと言うとカウンセラーが相談者さんの話を聞き、時に必要なワークをする。ただそれだけのように思われているのですが、じつは少し違っているのです。

　たしかにカウンセラーが相談者さんの悩みや問題を聞き、解決に向かってサポートしていくのですが、カウンセリングを行うには空間のチカラも大切です。空間のチカラとは相談者さんから見える世界のことで、わかりやすく言うと「雰囲気」です。カウンセリングの場所の雰囲気や、あなた自身の服装や表情、声の強弱など、相談者さんへ与えている影響は大きいのです。

 場所の雰囲気

　サロンの場合は専門性などに合った空間づくりを意識することが大切です。

　机やイス、カーテンなどの色や形など、お部屋全体のイメージがカウンセリングに向いているのか、あなたの専門性に沿った空間づくりができているのか、どのような印象を与えるのかを、もう一度、確認してみてくださいね。

　それから、レンタルスペースやカフェなどを利用する場合も、その空間がカウンセリングに向いているのか、あなたの専門性に合っているのか、などを意識して選ぶことが必要です。

 あなた自身の雰囲気も大切です

　相談者さんから見たとき、あなた自身も空間の一部となります。

　服装や姿勢、表情やしぐさ、そして声のトーンや強弱など、聞いたり話したりする、あなた自身の雰囲気もカウンセリングに影響があります。相談者さんが信頼できる佇まいであることは基本です。シンプルで清潔感のある服装を心がけたり、相談者さんが話しやすい表情を心がけてください。

カウンセリングの雰囲気は大切

あなたの
好きな場所

=

カウンセリングに
向いた場所

ということにはならない！！

カウンセリングに適した場所を選び
あなた自身の雰囲気もつくっていこう

相談者さんは見た目の雰囲気で
合うか合わないか、壁をつくるか、
なくすかを決めているかもしれませんよ。

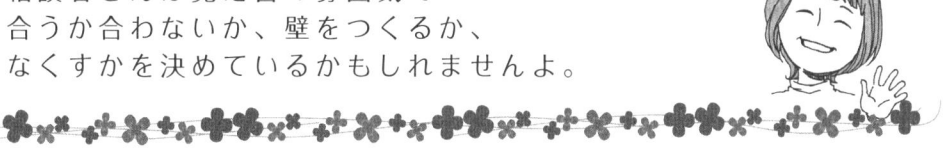

空間づくりの5つのポイント

 カウンセリングルーム（サロン）での空間づくり

①部屋全体の雰囲気

　あなたのカウンセリングのテーマは、癒しですか？　自然ですか？　安心ですか？

　壁紙や床、カーテン、机やイスなど、色やカタチ、素材など、あなたのカウンセリングのテーマに合わせた空間づくりをしていきましょう。

②照明

　照明の色や明るさによってもカウンセリングの質が変わってきます。間接照明などを利用して雰囲気づくりを演出してみてください。ただ、間接照明だけだと暗すぎて相談者さんに不安を与えてしまうことがあります。暗くなりすぎないように気をつけてください。

③玄関・トイレ

　玄関で第一印象が決まると言ってもいいくらい大切な場所です。できるだけ明るく、小物などあまり置かないようにして清潔にするよう気をつけましょう。お香やアロマなど、香りでお迎えするのもオススメです。

④音楽・香り

　相談者さんをお迎えするとき、無音でもいいのですがヒーリング用の音楽をかけておくと不安や緊張を和らげることができます。また、お香やアロマなど香りを利用して癒しを演出してもいいでしょう。

⑤飲み物

　カウンセリングを始める前に、相談者さんが着席されるタイミングでお茶などの飲み物をお出しします。ただしカフェインが入っていると交感神経を刺激してしまうことがあるので、できるだけカフェインの少ない飲み物を選びましょう。

安心できる空間づくり

| 1 | 部屋全体の雰囲気 | 濃い色や小物の置きすぎはダメ |

| 2 | 照明 | 適度な明るさにしなくては
相談者さんの気が散ります |

| 3 | 玄関・トイレ | 小物を置くのはひかえて
清潔にするようにしましょう |

| 4 | 音楽・香り | 強いアロマは避け、
ごく小さい音量で音楽をかけましょう |

| 5 | 飲みもの | 香りの強いコーヒーなどは避け
できるだけカフェインの
少ないものにしましょう |

相談者さんの気持ちが安らぎ
リラックスできるように
工夫してみてくださいね。

空間づくりのために「場所」以外で大切なこと

 場所だけではありません

　カウンセリングの場づくりで大切なことは場所だけではありません。あなた自身の雰囲気もとても大切なことなのです。

　たとえば、カウンセリングの専門性によって着る服を変えましょう。ビジネス系のカウンセリングの場合は、やはりスーツが好ましいとされています。しかし、癒し系のカウンセリングの場合、スーツを着てカウンセリングすると相談者さんに緊張感を与えてしまい、効果が下がる可能性があります。癒し系のカウンセリングの場合は、ゆったりとしたリラックスできるような服装がオススメです。

 健康管理も大切です

　カウンセリングのお仕事をするということは、人と接する時間が多くなります。あなたの体調が優れないときでもカウンセリングの予約が入っていることがあるかもしれません。

　このとき、相談者さんを前に具合が悪そうに振る舞うのはオススメできません。どれだけ体調が悪くても相談者さんの前ではできるだけ余裕のあるフリ、余裕のある笑顔でカウンセリングをするように心がけてくださいね。体調が悪そうな雰囲気の場をつくってしまうのか、安心安全な雰囲気の場をつくるのか、それは、あなた自身なのです。

　相談者さんは、あなたを信じて悩みや問題を解決するためにお金を支払ってくれていることを忘れないでくださいね。お友達の相談にのる感覚ではないのです。お金を受け取っている以上は、あなたはプロのカウンセラーであるという意識を忘れないようにしてくださいね。

場所以外に大事なこと

服装

・ゆったりとリラックスできるものに
　ただしあまりラフすぎると相談者さんは違和感をもってしまいます

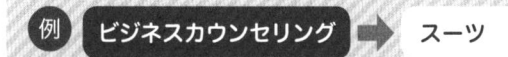

例　ビジネスカウンセリング　➡　スーツ

　　癒し系カウンセリング　➡　ブラウス、ワンピースなど

化粧

・派手なものはひかえてナチュラルメイクを心がけましょう

・爪は切りそろえましょう

> 栄養バランス、睡眠など
> 体のメンテナンスも忘れずに！

あなた自身の体調管理もお仕事だと思って
睡眠や食事など、
あなたができる工夫をしてみてくださいね。

地方だからと、あきらめないで！

 どこでもできるカウンセリング

　都市部に住んでいないから、地方に住んでいるから集客ができないと、よく耳にします。

　ですが、私が住んでいるところは滋賀県大津市というところで都市部から離れた地域です。それでも日本全国からカウンセリングに来てくれています。海外に住んでいる人からも問い合わせがあり、スカイプなどでカウンセリングをしています。日本国内に住んでいる人でも、継続してカウンセリングを行う場合などはスカイプや電話で対応しています。

　地方だからできないと思って弱気になってしまうのではなく、自分に合った方法を探すようにしてみましょう。最近はインターネットを使っていろんなことができます。

 え？　これも場づくり？

　あなたがどこに住んでいても相談者さんが会いに来てくれるカウンセラーになれるように、あなたの在り方を工夫することも場づくりになると思ってください。

　どうしたら愛されるカウンセラーになれるかを研究して、思いついたことや、学んだことを試してみて、違うと感じる点を見つけたら改善して、そしてまた試してみて……と繰り返し、あきらめないでチャレンジし続ける習慣を身につけましょう。

場所はどこでもできる

地方に住んでいるのなら…

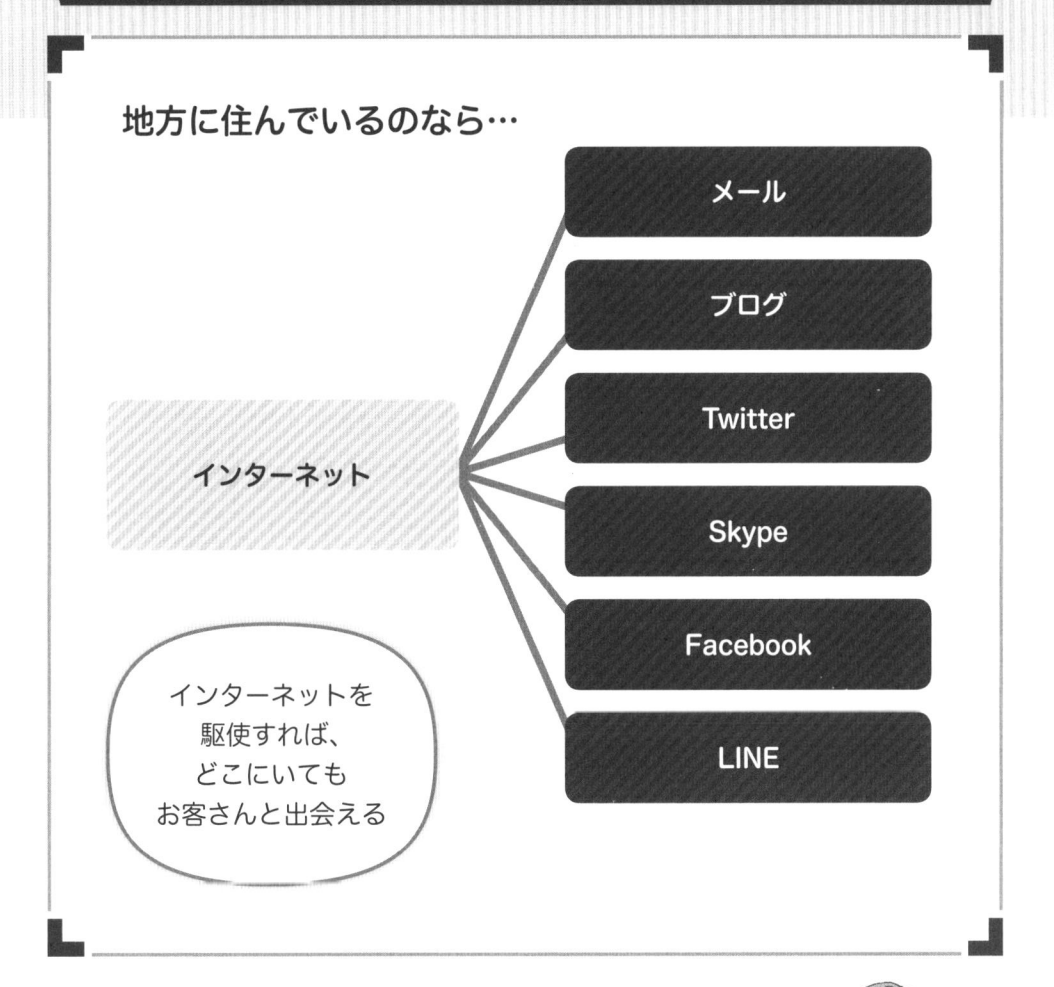

インターネット

- メール
- ブログ
- Twitter
- Skype
- Facebook
- LINE

インターネットを
駆使すれば、
どこにいても
お客さんと出会える

できないことを見つけてあきらめるよりも、
限られたなかでもできることを
探すクセをつけてくださいね。

場づくりのチェックポイント

🕊 **どこでカウンセリングしますか？**

自分のサロンをもつ？

レンタルスペースを利用する？

ホテルのロビーやカフェを利用する？

🕊 **カウンセリングに向いたお部屋づくり**

①カウンセリングテーマ（専門性）に合っていますか？

②安心感がありますか？

③快適な環境ですか？

④その他に気をつけるといいところ（玄関・トイレ）は大丈夫ですか？

🕊 **空間でもカウンセリングしています**

・空間が相談者さんへ与えている影響を見直しましょう

・場所の雰囲気を再確認

・あなた自身の雰囲気を再確認（服装・姿勢・声・表情）

🕊 **カウンセリングルーム（サロン）での空間づくり**

①部屋全体の雰囲気

②照明

③玄関・トイレ

④音楽・香り

⑤飲み物

🕊 **場所だけではない大切なこと**

・健康管理は大丈夫ですか？

🕊 **地方だからと あきらめないで**

・インターネットを活用できてますか？

・あなたの在り方を工夫してますか？

チェックリストで確認しよう

いつでも相談者さんを
迎えられるように
準備を整えておこう

はじめから完璧を望むよりも、
少しずつ理想に近づけることが大事です。
まずはカウンセリングをスタートしましょう。

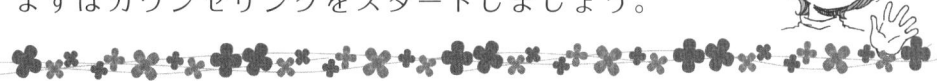

相談者としてカウンセリングを受けてみよう

　あなたがカウンセリングの仕事を続けるにあたって、周りのカウンセラーさんが、どのようなカウンセリングを行っているのか知りたいと思いませんか？　どんな場所でどのようなカウンセリングをするのか？　カウンセリングの内容、カウンセラーさんの在り方、カウンセリング中の話の聞き方などなど……あなたが知りたいこと、たくさんあると思いませんか？

　一緒に学んだカウンセラーのお友達や先輩カウンセラーのカウンセリングを受けてみるのもいいですが、ぜんぜん知らない人のカウンセリングを受けてみるといいかもしれません。あなたの仕事は、知らない人とはじめて会って、そこからカウンセリングを始めるわけですから、他の人は相談者さんから、どのように和やかに話を引き出していくのか？を知ることはとても参考になります。

　なにより、はじめて自分のもとに来てくれる相談者さんの気持ちや感覚を体験できるので、勇気を出して自分のカウンセリングに申し込んでくれた相談者さんが、どのようにすれば嬉しいのか、イヤなのかが客観的にわかるのです。

　これからの自分のカウンセリングの質を向上させるためにも、たまにでいいので、体験だけでもいいので、知らない人のカウンセリングを受けてみましょう。

　最近では、さまざまなカウンセリングの場があるので、興味のあるテーマのカウンセリングを見つけてくださいね。

　研究して、改善して、あなたオリジナルのカウンセリング技術をいつも磨き続けてください。

Chapter
4

メニューはどうやって
つくればいいの？

資格が人気を
つくるのではありません

 メニューを考えるときに

　カウンセリングのメニューを考える場合、あなたが今まで学んできたスクールのメニューをそのまま活用するかもしれません。それも必要なことだと思いますが、あなたが取得した資格があなたの魅力ではないということを、今ここで知ってください。

　スタートしはじめの頃は、自分に自信がないのでスクール名、協会名、スクールのカウンセリングタイトルを前面に出すことを考えがちです。

　そうすることが良くないわけではありませんが、よく考えていただきたいのです。スクール名、協会名、カウンセリングタイトルを前面に出すことによって、それらが魅力になってしまい、あなた自身が魅力になっていない可能性が大きいのです。

 メニューがもつ「役割」

　カウンセリングのメニューを考えるときに回数と料金がわかればいいと思っていませんか？　それから、カウンセリング1回の料金が○○円で、何回コースにすると○○円の売り上げで……。と、このように月の売り上げ設定をしているかもしれませんね。売り上げの設定をすることも必要なのですが、あなたが人気のカウンセラーになりたいと思うのならば、ここでもうひとつプラスして考えてほしいのです。それは、あなたがつくるメニューが相談者さんのゴール設定であり、ゴールへ向かう地図になるということです。

　あなたの専門のカウンセリングで、ワークがあるのならば何回目でこのワークをするとか、ワークがないならば何回目でこの意識になってもらえるように質問の工夫をしようなど、自分で設定してみてもらいたいのです。

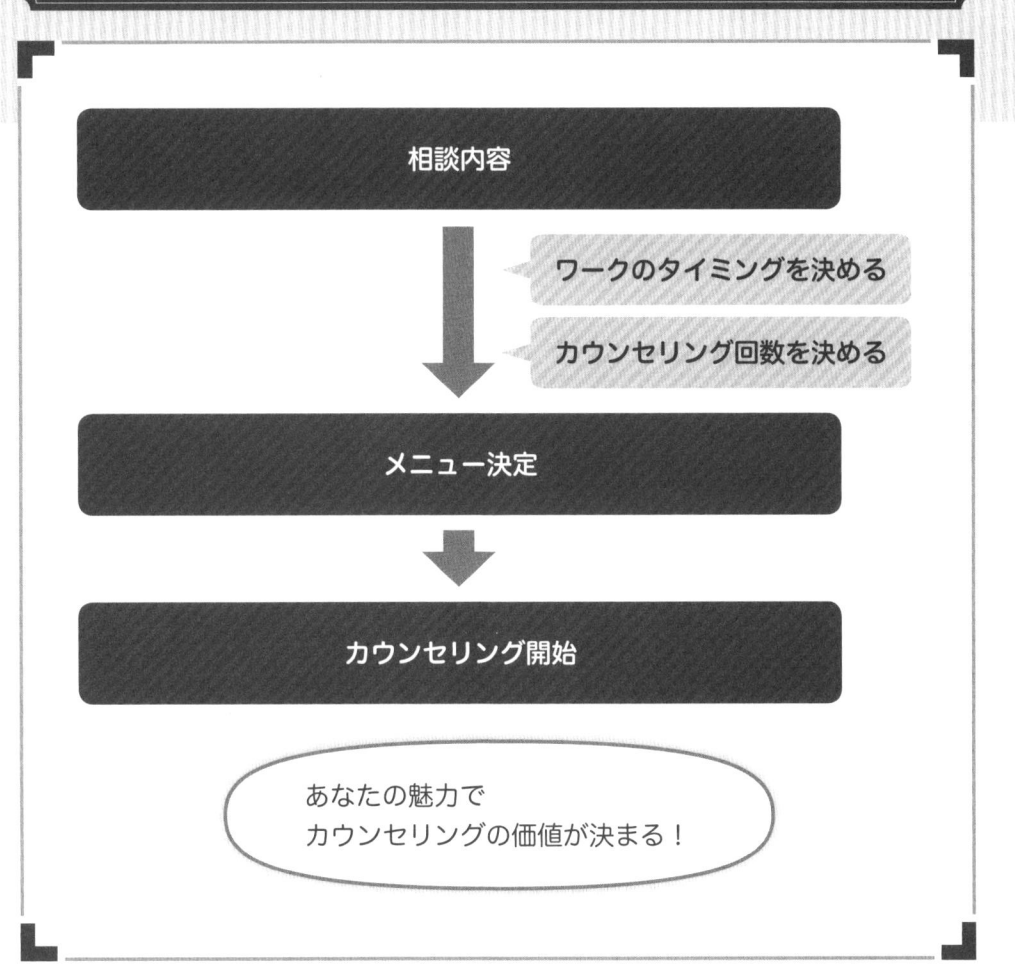

カウンセリングメニューの考え方

相談内容

　ワークのタイミングを決める

　カウンセリング回数を決める

メニュー決定

カウンセリング開始

> あなたの魅力で
> カウンセリングの価値が決まる！

売り上げも大切ですが、
相談者さんの変化にフォーカスした
メニューづくりを心がけてくださいね。

人気のカウンセラーが
メニューづくりで気をつけていること

 基本からオリジナルに育っていきます

　スクールなどで学んできたことの実践は、カウンセラーとしてスタートする段階ではとても大切なことです。テキストやノートを読み返し、いろいろなシーンを想定しながら模擬カウンセリング（イメージング）したりと、あなたなりに工夫してみてください。そしてはじめは基本通りにカウンセリングを行って経験を積んでいってくださいね。

　そして、実際にカウンセリングを行うことで改善点が見つかるはずです。改善点が見つかったときはしっかりと復習したり、仲間のカウンセラーや先輩カウンセラーに相談しながらカウンセリングの内容を深めていってくださいね。

　経験しないとわからないことも、意外とたくさんあります。

 まずは最初の一歩を踏み出しましょう

　カウンセリングをお仕事にしたいと思って学んだり、メニューを考えたりしても、なかなか勇気がもてなくて最初の一歩が踏み出せないと多くの人から相談を受けます。

　まだ経験がないことが恐れや不安の原因となっているのですが、どれだけ怖くて勇気が出なくても最初の一歩を踏み出さなければ経験を積むことができません。学んだスクールの先生や先輩カウンセラーのカウンセリングに同席させてもらって、実際の雰囲気などを経験するのもいいかもしれません。

　できないと思ったり、できない理由を考えるよりも、できるようになるために思考できるよう工夫してみてくださいね。

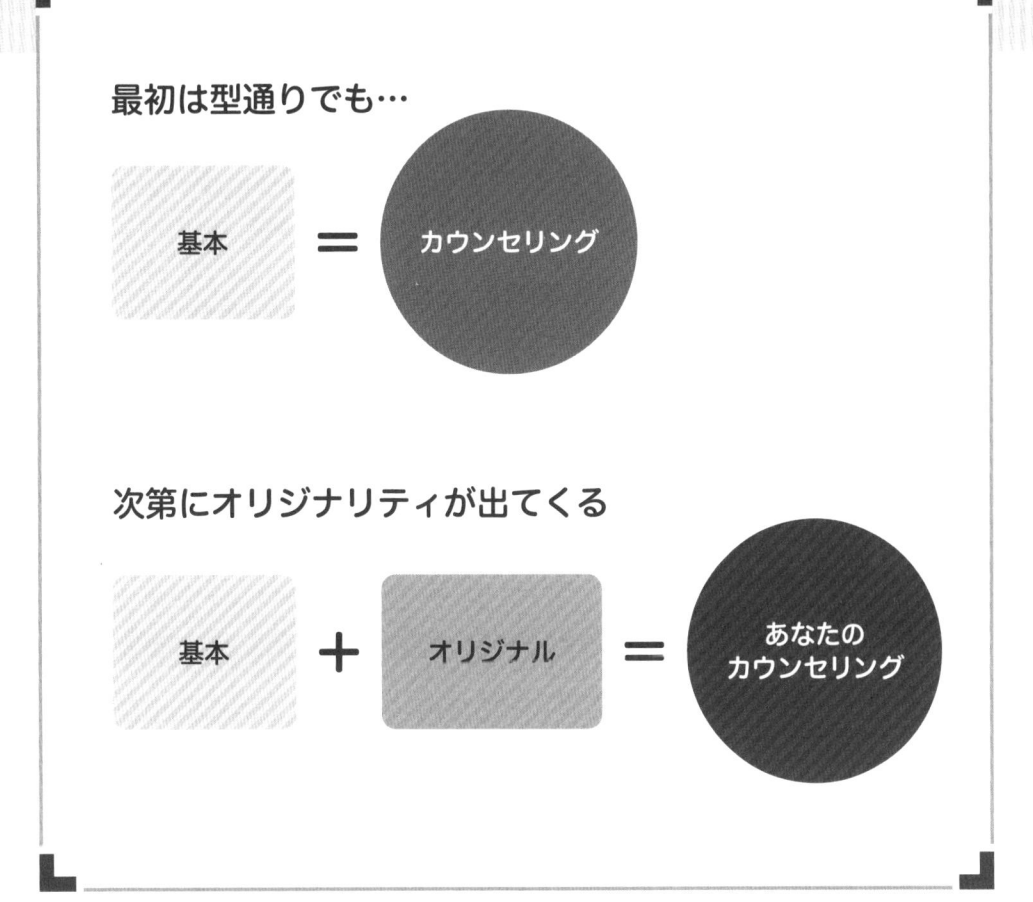

最初は型通りでも…

基本 ＝ カウンセリング

次第にオリジナリティが出てくる

基本 ＋ オリジナル ＝ あなたのカウンセリング

経験を積むごとにあなたオリジナルの
カウンセリングができていくようになります。
焦らずコツコツ経験を積んでいきましょう。

メニューのつくり方

 ストーリーを考えてみる

　カウンセリングのメニューをつくるときに、どのような相談者さんが来て、どのように変化していくかをストーリーのように考えてみてください。

 出会いのきっかけ

　あなたと、これからコースでサポートするかもしれない相談者さんとの出会いのきっかけになるように体験カウンセリングを用意しておくといいでしょう。

　まずは、自分なりにメニューをつくって、相談者さんが来るか来ないかの反応を見ながら改善していくといいと思います。まずはつくってみる、ブログなどでお知らせしてみる、違うと思うところは改善する、ということを繰り返しながら、あなたらしいメニューに仕上げていってみてください。

　一度つくったメニューは変更してはいけないという決まりはありませんが、短期間でコロコロ変えると、相談者さんを混乱させてしまうかもしれないので気をつけてください。

 カウンセリング料金は事前振込にしましょう

　メニューを考えてブログなどでお知らせを始めて、申し込みがあったとします。当日の現金でのお支払いにすると、あなたがお金を受け取ることに慣れていない場合、いつ、どのタイミングで受け取ればいいの？　など考えることが増えて、カウンセリングに集中できなくなるかもしれません。そうならないために事前に振り込んでもらうようにしておけば、カウンセリングだけに集中できます。

　事前振込はカウンセリング当日のキャンセルが少なくなる効果もあります。お申し込み後の案内メールなどで、振込先をお伝えするようにしてみてくださいね。

相談者さんの変化を考えよう

カウンセリングで何を話す？

↓

複数回必要？

↓

あと3回カウンセリングが必要

↓

やっぱりもう5〜6回は必要そうだ

↓

10回で大丈夫かも

相談者さんの変化は一連の流れで考えよう

相談者さんが相談してみたくなるように
出会いのきっかけづくりを
工夫してみてくださいね。

カウンセリングの料金、
みんなどうしてる？

 金額設定に迷ったときは

　通ったスクールで既定のメニューがあり、料金も決まっていれば、それに従ってカウンセリングすればいいのですが、オリジナルの専門性でカウンセリングをしていきたい、またはスクールに行っていないのでわからないという場合、自分でメニューも料金設定も考える必要があるので迷うかもしれません。

　このようなとき、最近はインターネットで検索することができますので、同じようなカウンセリングをしている人達のホームページやブログなどで料金設定を調べましょう。一般的な金額、平均の金額がわかってきます。そのなかで、あなたのカウンセリング内容にもっとも近い金額を選ぶようにしてみてください。

 あなたが思っている金額よりも少し割増しで

　カウンセリングのメニューを考えるとき、この内容だったら、いくらにすればいい？　と料金設定に困ってしまうことがあります。カウンセリングを始めて間がないから、という理由で低い料金設定にするのは、やめましょう。始めたばかりの頃はセルフイメージの設定が低めになっていることがほとんどなので、実際の金額の設定も低くなりがちです。

　人は自分のことを実際よりも２割〜３割低く感じていると言われているので、思いついた金額に、２割〜３割をプラスするといいかもしれません。

　もし、それでも低めの金額で始めたいと思うようなら、モニター価格として１０名のみ○○円、など少人数の設定をして、様子を見てみてくださいね。

金額設定はこう考えよう

自分が思ったよりも２〜３割高くする

モニター価格を人数限定で設定する

段階的にモニター価格を引き上げていく

メニューづくりは
相手の視点に立って行いましょう

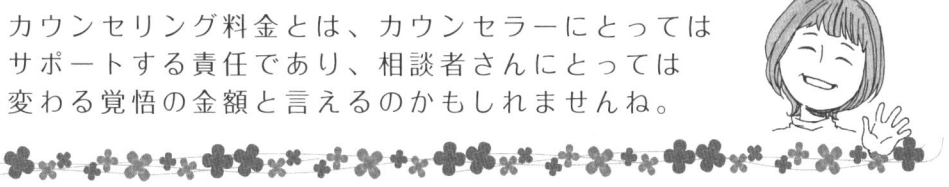

カウンセリング料金とは、カウンセラーにとっては
サポートする責任であり、相談者さんにとっては
変わる覚悟の金額と言えるのかもしれませんね。

カウンセリングで
お金をいただくということ

 価値の考え方

　駆け出しの自分がお金を受け取ってもいいのかな？　カウンセラーとして未熟なのにお金を受け取ってもいいのかな？　など、セルフイメージ（自己価値）に合わせてお金が受け取れないと思っている人が多いです。

　これはセルフイメージ（自己価値）と、自分が提供できるカウンセリングの価値が一致していないから、そしてセルフイメージのみに意識を向けてしまっているから、お金を受け取れなくなっているのです。

　たとえスタートしたばかりであなたに自信がなくても、あなたが学んだカウンセリング法にはとても価値があります。

　あなたが学んだ内容、経験した内容、これらはお金を受け取るに値するのです。

覚悟と責任

　お金を受け取ることに抵抗がある理由に、お金を受け取ることによって責任が大きくなることを恐れているから、ということも考えられます。カウンセリングは形のあるものを販売するように、目に見えて結果・成果がわかるものではありません。

　お金を受け取らないでいれば責任も少なくて済みます。ですが、それでは相談者さんに深く寄り添うことができなくなってしまいます。

　カウンセリングは相談者さんの人生にかかわること、さらに深く寄り添えば「相手の命にかかわること」です。その責任の重さを感じて逃げ腰になってしまっているのかもしれません。

　ここで今一度、なぜカウンセラーになろうと思ったのかを振り返って、カウンセラーとして活動していく覚悟をし直してくださいね。

対価は自信を持って受け取ろう

・お金はカウンセリングの対価

・自己価値を意識しすぎない

・お金を受け取るのは
　責任を意味する

はじめは怖いかもしれないですが、
お金を受け取り、プロのカウンセラーである
という自覚をもちましょう。

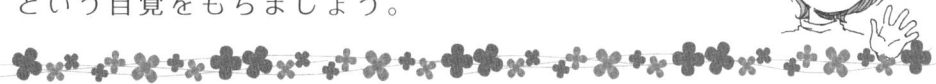

料金を考えるときの注意点

 料金が安いカウンセリングと人気は別物です

カウンセリングのメニューを考えるときに料金（金額）を安くしようと、つい思ってしまいがちですが、料金が安いカウンセリングと人気は別物です。

相談者さんが喜ぶと思って料金設定を低くしてしまうかもしれません。消費者として考えると安く購入できると嬉しいという気持ちは、とてもよくわかります。

ただ、反対に、安くなっていると、なにか問題でもあるのかな？　など疑ってしまう人もいます。人の心理として、安いからいいと思えないときもあるのです。だからと言って高ければいいというものでもありません。

カウンセリング料金は相談者さんにとって、本当に自分の悩みが解決できて幸せになれるのか？　という価値を見極める基準になるものです。あなたが提供しようと思うメニューの価値にふさわしい料金の設定をする必要があります。

 相談者さんにとって

あなたは今、あなたが提供するカウンセリングを通してお金を受け取る心の準備はできていますか？　それから、あなたが提供するカウンセリングで、あなたがお金を受け取るということは、相談者さんにとっても覚悟のいることだと知っていますか？　相談者さんにとってのカウンセリング料金とは、その料金を支払ってカウンセリングを受けることで「自分の人生を今までと違うものにする！」と覚悟をするための料金でもあるのです。

これからあなたに出会うことで幸せな笑顔になっていく相談者さんのためにも、あなたができること。それは、あなたが設定した料金を受け取ってカウンセリングをスタートさせることです。

お金を受け取る心の準備をしよう

あなたの決心がつかないとその分
相談者さんが変わるきっかけを逃している

カウンセリング料金は
あなたのためにあるものではない

相談者さんの未来をつくるための料金だと
考えよう

もし、あなたのカウンセリングに申し込みが
来ないとき、料金だけのせいにしないでくださいね。
他にも改善するところが必ずあるはずです。

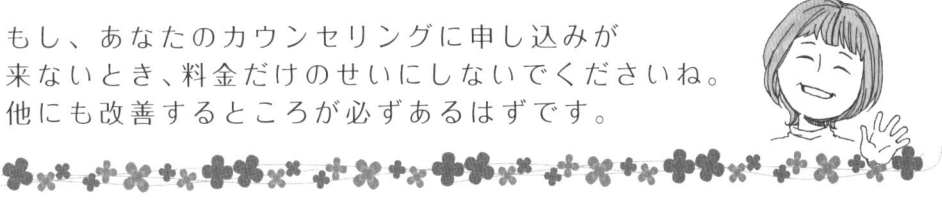

受けてみたくなるコース設定

 カウンセリングでコース設定？

　カウンセリングをリピートされると、「カウンセラーとして腕が悪くて失格！」とか、「相談者さんを手放さなくていつまでもお金を吸い上げる悪徳商法！」みたいなイメージがあるかもしれないのですが、そういうわけではありません。カウンセリングを続けることによって相談者さんのステージが変わると、新たにやってみたいことが生まれます。その挑戦のサポートや、新たな気持ちのブレの解消など、次の段階に進んだからこそのカウンセリングが必要になりリピートされるのです。

　だからこそ、カウンセリングのメニューにおいても、コースを設定しておくことで相談者さんは安心して、あなたにカウンセリングを申し込むことができるのです。

 受けてみたくなるコースとは

　相談者さんがコースのカウンセリングを受けてみたいと思うときは、未来に向かいたいと、心の底から自分自身で思えたときだと、日々のカウンセリングを通して感じています。

　できるだけハードルを下げるようにゴールの設定をして、そこに辿り着くまでのストーリーを相談者さん本人が自分なりに発見できたとき、コースに申し込んでくれるのです。

　カウンセラーが押し付けたり、提供する未来ではなく、相談者さん本人が進んでみたい未来が描けたときにサポートしてもらえるコースがあると、相談者さんは自分からコースを申し込むのです。

コース設定の例

独身から結婚後までのサポート

恋人探しサポート

恋愛の不安サポート

マリッジブルーサポート

結婚生活サポート

相談者さんのステージに合わせた
カウンセリングをしよう

相談者さんの変化は一進一退を繰り返すことが
多いのですが、繰り返しサポートすることで
改善できることが多いです。

カウンセリングの回数と料金設定

 1ヶ月の売り上げと人数の考え方

　カウンセリングの料金は相談者さん本人が変化すること（今までと違う、望んでいる未来の自分になること）への覚悟を決めるための金額であると述べました。

　あまり安すぎる金額設定にしてしまうと、相談者さん本人が「まぁいいか」と変化することへの意欲が失われて、変わらないまま時間だけが流れていくようなことになってしまうかもしれません。

　カウンセラーであるあなた自身も、しっかりとした金額を受け取ることにより相談者さんに対する責任と覚悟が生まれます。

　とはいえ、具体的な料金や回数の設定方法はわかりにくいと思います。たとえば右図を参考に、あなたなりの具体的なメニューをつくってみましょう。

 お申し込みの流れ

　カウンセリングのメニューが決まったら、ホームページだけではなくブログからも、ホームページのカウンセリングメニューが見られるようにリンクさせましょう。

　これからブログを始めるという場合は、無料で簡単に作成することができて、利用者が多いアメーバブログがいいでしょう。

　ブログのタイトルはあなたの専門性がわかるように書き、記事にはあなたの専門分野を求めている人が興味をもちそうな情報を書いてみてください。

カウンセリングのメニューづくり（回数と料金）

例えば1回のカウンセリングを1時間1万円に設定したとします。
次にコースのメニューを考える場合、回数を段階的に分けます。

3回コース　（1時間×3回）

6回コース　（1時間×6回）

12回コース　（1時間×12回）

例えば1回1時間10000円のカウンセリングから
3回、6回、12回と500円ずつ引いていきます。

3回コース　　30000円　➡　9000円 ×　3回 ＝ 27000円

6回コース　　60000円　➡　8500円 ×　6回 ＝ 51000円

12回コース　120000円　➡　8000円 × 12回 ＝ 96000円

このように回数が増えるごとに1回のカウンセリング料金を下げるよう
に計算します。

※自分で計算するときは各回数全体から〇割引のような計算でもかまいません。

売り上げや人数を考えて数字に慣れることも
個人でお仕事をするためには
必要なことです。

メニューをさらに魅力的にするために

 言葉に気をつけましょう

　カウンセラー側からすると聞き慣れていて使い慣れている言葉でも、相談者さんにとっては、はじめて知る言葉がたくさんあります。

　私たちカウンセラーが普通に使っている言葉でも、相談者さんに伝わっていなければ申し込みにつながりにくく、ネット検索もされにくいかもしれません。できるだけ相談者さんにとってわかりやすい言葉を使うことをオススメします。

 未来の自分像をイメージしやすく

　相談者さんは今の状況をよくしたいと思っています。今の悩みや問題がなくなることがゴールになっているケースがほとんどです。

　まずは、ハードルを最低限まで下げて、遠くではなく一番近いゴール設定をするように心がけてくださいね。

 どんな状態でも OK

　未来の自分をイメージできて、そうなりたいと思ってスムーズに次の段階に進める相談者さんもいますが、そこで抵抗を感じて止まってしまう人もいます。ひょっとすると次の段階に進んだのに元の辛い状態に戻ろうとする人もいるかもしれません。

　カウンセラー側としては大事件です。せっかくゴール設定したのに、戻ってしまっては今までの時間が無駄になってしまうと焦ってしまうかもしれません。それでも相談者さんのペースに合わせてください。そして相談者さんの未来を相談者さん以上に信じて見守ってください。この姿勢を保っていれば意外と早く回復して前に進めるようになります。とにかく慌てないようにしてくださいね。

魅力的メニューのポイント

言葉のポイント

あなたの言葉は相談者にとって適切？

わからない言葉はストレスを生む

例 **インナーチャイルド** ➡ 内なる子供、傷ついた子供の頃の記憶

アダルトチルドレン ➡ 子どもの頃に親との関係で傷つき成人してもトラウマをもち続けている

トラウマ ➡ 精神的に大きなショックや恐怖を受けてできた心の傷

イメージのポイント

相談者さんによって改善された未来がつかめることは重要です。

相談者さんはイメージした方向へと歩き出していくでしょう。

無意識ですが、ついつい自分主体で進めてしまいそうになるかもしれません。意識して相談者さんに合わせたカウンセリングを心がけてくださいね。

私がいつも気をつけていること

　人は望むように変化できないと、できていない自分を責めたり、嘆いたりしてしまいます。自分はなんてダメな人間なんだ、どうしてこんなに出来が悪いんだろう、人よりも劣っている自分はなんて情けない、など自分に向けてさんざんな言葉を投げかけていたりします。

　だから、私はどのカウンセリングでも気をつけていることがあります。それは、どんなに小さくて些細な変化であっても「変化していますね」と本人に伝え、変化を認めることを促すことです。

　「前回よりも声のトーンが少し違う」というような見落としてしまうかもしれない小さな変化を見つけて、いい感じですよ、と何度も何度も伝えます。これはいい状態に向かっているということですよと、言い続けていくうちに本人も、少しずつかもしれないですが、変化を認められるようになっていきます。

　少し時間はかかるかもしれないですが、相談者さんが自分で変化を受け入れられるようになってくると、相談者さん自身が次の目標設定をしたいと自分から言ってくれたりします。その際も「前はこのようなことが言えなかったけど今は言えるようになって、スゴク変化できて、いい状態になれましたね」と変化したことを伝えています。

　小さなことの積み重ねかもしれませんが、相談者さんにとっていい状態になってもらえることがなによりも嬉しいので続けられています。

　このようなことが他の相談者さんにも伝わって、口コミでの紹介があったり、リピートが増えたりしているのではないかな？　と思います。

　あなた自身が相談者さんに寄り添える方法を見つけて続けてみてくださいね。

Chapter
5

集客って
どうすればいい？

ところで集客ってなに？

 **集客について**

　これからカウンセリングをお仕事にするために、専門性を考えたり、どこでカウンセリングしようか、どんなメニューにしようかと考えてきました。でも、相談者さんがあなたの目の前に来なければ、カウンセリングをお仕事にすることはできません。そのために、あなたがどのような人か、どのようなカウンセリングをするのかを知ってもらう必要があります。あなたのカウンセリングを受けたいと思って申し込んでもらい、実際にあなたのカウンセリングを受けるまでの流れのことを「集客」と言います。

それぞれにあった目標設定

　これからカウンセリングをお仕事としてやっていきたいと思う人をサポートしてきて思うことですが、人によって受け入れられる言葉が違います。たとえば売り上げの目標設定では、年間または月の売り上げ設定をした方が動きやすい人と、売り上げと言ってしまうと動けなくなり辛くなる人がいます。このように「売り上げ」という言葉に拒否反応が出てしまう人は、今月は何人のお役に立ちたいか？　というように言葉を変えると考えやすくなります。

集客方法の種類

　最近はインターネットを通して、いろいろな情報を自ら発信することができます。ホームページ、ブログ、Facebook、LINE、インスタグラム、ツイッターなど活用できる選択肢もいろいろあります。

　インターネットを活用しない場合は、チラシ、折り込み広告、ダイレクトメール、FAX広告、口コミ紹介などがあります。

　今の自分に合った方法、あなたのカウンセリングが必要な人が一番活用しそうな方法を選ぶようにしましょう。

売り上げ目標を逆算しよう

売り上げ目標

カウンセリング
あと
何回分？

目標を設定した方がビジネスは動きやすい。
無理のない目標からスタートしましょう

まずは自分の存在を知ってもらえるように
Facebook やブログを
どんどん活用していきましょう。

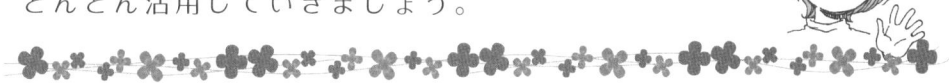

初心者がハマってしまう落とし穴

 お金を受け取る覚悟

　自分でお仕事をするということは、自分が何かを提供することでお金を受け取るということです。カウンセラーとしてデビューするということは、つい最近まで学んでいたことを提供して、お金を受け取る立場になるということです。

　この段階でつまずく人のパターンがあります。それは、つい最近まで学んでいたカウンセリングが、急に仕事になってお金を受け取る立場になるとわかったときに、まだ学んで間がないから、この程度でお金を受け取るなんて自分にはできない！　と抵抗するパターンです。

　これは、私自身も経験したことですが、ほとんどの人が通る道のような気がします。カウンセリングをすることによって相談者さんの「変わる覚悟」をサポートするためにも、お金を受け取ってしっかりと責任のあるサポートをする、という覚悟を、あなた自身がもってくださいね。

 ホームページをつくれば売れるはウソ

　自分のホームページをもつことは、とてもいいことだと思います。あなたのプロフィールがしっかり書かれていて、どのようなメニューがあるのかが、わかりやすくて相談者さんから見るととても親切です。

　しかし、ホームページをつくっただけでは、相談者さんに見てもらう機会が少ないのです。ブログや Facebook など SNS でどんどん紹介して、たくさんの人の目にふれるようにしていかないと、あなたのカウンセリングに申し込みが集まりにくいです。

　あなたがつくったホームページをたくさんの人に見てもらうために、今からどんな工夫ができそうですか？　考えてみて何か思いついたなら、それを早めに実行してみてくださいね。

ホームページは工夫が必要

HP をつくっただけでは誰にも見てもらえない

積極的に人の目にふれるように紹介しよう

「違う」ことを恐れないで常に HP を改善しよう

これらを繰り返せば
人気のカウンセラーに近づける

スタートした段階で、あなたはプロのカウンセラーです。スタートした初日であっても自信のない素振りはしないように気をつけましょうね。

集客の基本ステップ

 ホームページやブログ、SNS に書くべきこと

①ブログや Facebook、LINE などを活用して、あなたのことを知ってもらいます。このときに、○○カウンセラーなどの肩書きや、○○カウンセリングといった専門性を知ってもらい、覚えてもらうようにしましょう。ブログの場合、カウンセリングメニューのページをつくっておくといいですね。

プロフィール写真は必ず載せましょう。はじめから写真掲載に抵抗がある場合は似顔絵などイラスト、横顔の写真などからスタートしてもいいです。

②なぜカウンセラーになろうと思ったのか？　など、あなたの思いを書く。

他には、あなたのカウンセリングを受けることで、どのような変化が起きるのかを書くといいかもしれません。あとは、あなたが学んできたこと、普段思うことなどを書いて、あなたの人間性がわかるようにしてください。あなたという人が、どのような考えをもっていて、どのような人柄なのかを知ってもらうことによって、信頼を寄せてもらえるようになります。

③体験カウンセリング・交流会などの無料メニューや、低価格メニューをお知らせします。お問合せ先・お申し込み先をわかりやすく掲載します。

④体験カウンセリング終了時、または後日アフターメールを送り、本カウンセリングやコースのカウンセリングなどをご案内します。

これらは、あくまで参考です。すでに誰かから教わったとか、自分に向いた方法があるという場合は、自分が思うように集客してみてください。いろいろな考え方があって、いろいろな方法があると思います。まずは、やってみることが大切です。やってみて違うと思ったら方法を変えるなど、試すことと、改善することを繰り返してみてください。

肩書きの準備は OK ？

あなたは何の専門家？

（例）恋愛の専門家、子育ての専門家、夫婦関係の専門家

あなたの肩書きは何？

（例）恋愛カウンセラー、子育てカウンセラー、夫婦関係カウンセラー

連絡先も忘れずに

● メールアドレス
● 申し込み方法の明記
　├ 電話
　├ メール
　└ フォーム

結果を気にしすぎてスタートできないよりも、
準備ができたなら、とにかく始めてみましょう。
違うなと思うところは改善すればいいのです。

あなたが選ばれた理由を
言葉にしてみる

 あなたが選ばれる理由は？

　あなたのもとに相談に来る人は、なぜあなたを選んできてくれるのでしょうか？

　きっと選ばれる理由があるはずです。もしあなたが今、まだカウンセリングをお仕事としてスタートさせていないとしても、あなたが選ばれる理由を考えてみてください。まずは今のあなただから、あなたが選ばれる理由を考えてノートに書き出してみてください。

　そして、次に、今まで誰かから褒められたことをノートに書いてみてください。思いつくだけ何個でも書き出してみましょう。

　いかがでしたか？　それが今のあなたの魅力であり、あなたが選ばれる理由です。それではさらに、もう少し踏み込んで、１年後でも３年後でも１０年後でも、何年後でもいいので、あなたが人気のカウンセラーになって相談者さんが途絶えない状態になっているところを想像してみてください。

　あなたのカウンセリングを受けることによって癒されて楽になって、相談者さんの表情がどんどん明るくなって、最後には笑顔になって帰っていく姿を見送っているあなた。その未来のあなたが、相談者さんから選ばれている理由はどのようなことでしょうか？　想像でいいので、いくつでもノートに書き出してみてください。

　そして、相談者さんが絶えない未来のあなたは、みんなからどのようなことを褒められていますか？　その内容もノートに書き出してみてください。

　いかがでしたか？　とっても幸せな気持ちになれたのではないですか？もし、今のワークで幸せを感じられたら、その感覚をもちながらカウンセリングをしてください。今の気持ちを忘れそうになったら、ノートを読み返したり、今のワークをやり直してみてください。

あなたが選ばれる理由を紙に書き出してみよう

あなたが選ばれる理由は？

これまでに褒められたことは？

あなたが選ばれる理由を自分で知るということは、
ブランディングするということで、
とても大切なことです。

あなたを知ってもらうための準備①

 自分のコトを発信しましょう

　カウンセリングのメニューが決まったら、ブログにもカウンセリングメニューを投稿しておきましょう。

　これからブログを始める場合は、無料で簡単に作成することができて、ブログ利用者が多いアメーバブログがオススメです。

　ブログには、あなたのお客様になりうる人が求めていそうな情報を書いてみてください。あなたの一日の出来事のような日記ではなく、あなたの専門性に合った、あなたのもとに来る相談者さんが求めていそうな情報や、相談者さんのためになるようなことを書いてください。

　ブログを読んであなたに会ってみたいと思った人は、あなたのカウンセリングへ申し込む可能性が高いです。

 たくさんの人とつながりましょう

　Facebook はブログよりも距離感が近く感じられ親しみやすいという理由で、たくさんの人が活用しています。まずは Facebook に登録して、たくさんお友達を増やして、あなたの投稿を見てもらえるようにしましょう。

　名前はローマ字で登録するのでなく、見つけてもらいやすいように、日本語で登録しましょう。そして顔写真は必ず載せるようにしてください。

　そして、普段の気軽な内容を投稿しながら Facebook の中でお友達と交流していきます。

　ブログと Facebook を使い分けることによって、Facebook で親しくなって、あなたに興味をもった人が、あなたのブログを読んでくれるという流れができ、あなたのカウンセリングにつながる確率が上がっていきます。

　投稿は全員に公開するようにして、よりたくさんの人にあなたを知ってもらえるようにしてくださいね。

ブログと Facebook の使い分け

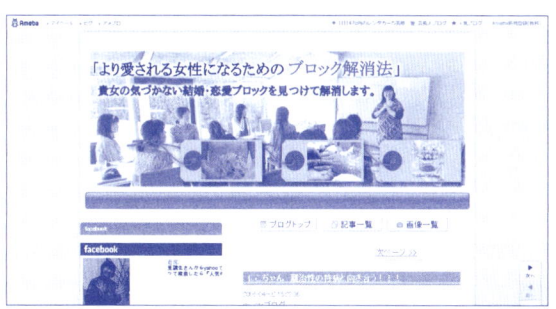

著者のブログ

https://ameblo.jp/niko-niko-egaonowa

著者の Facebook

https://www.facebook.com/natsuko.joichi

ブログに専門性、Facebook には親しみやすい内容を書くように使い分けましょう

ブログや Facebook を活用して
たくさんの人と出会い、あなたに会いたいと
思ってもらえるようにしましょう。

あなたを知ってもらうための準備②

 ホームページをつくってみましょう。

　ブログや SNS だけで集客できないの？　と疑問に思われるかもしれませんが、ブログは書いたページがトップに固定されることが少なく、記事を書くごとにページが流れていき、検索されにくいのでオススメできません。

　SNS では文字数に制限があるなど、記載したい内容すべてを記入することができないデメリットがあります。

　少し手間はかかってしまうかもしれませんがホームページをつくっておくことをオススメします。

　作成したら、ブログや SNS にホームページの URL を記載しておきましょう。

　ホームページをつくるとき、はじめからプロにお金を支払ってつくる方法もありますが、最初はお金をかけたくないという場合は、無料または低価格で自分でつくる方法があります。

　無料でホームページを作成できるサービスは Wix（ウィックス）や Jimdo（ジンドゥー）などがオススメです。自分に合ったサービスを利用してホームページをつくってみてください。

　ここで注意が必要ですが、無料のものはホームページ内に広告が表示されます。自分のお客様を他へ流してしまう恐れがあるので、できるだけ早い段階で有料に切り替えることをオススメします。

　これからカウンセリングをお仕事にする人は右記の6項目は必ずつくるようにしましょう。余裕ができたら書いてもらった感想のページや、よくある質問のページを増やすといいと思います。

ホームページに必要なページ

❶トップページ

トップページは人によってさまざまな捉え方がありますが、ここではあなたを魅力的に見せ、カウンセリングのセールスをするページだと思ってください。キャッチコピー・カウンセリングの説明・申し込みフォームや問い合わせフォームなどを記載しておきましょう。

❷プロフィール

あなたの名前や写真、どのような活動をしているのか、今までの活動実績などを記入しましょう。あなたのプライベートなことではなく、今までに取得した資格など、仕事に関係したことを書くようにしましょう。

❸メニュー（料金）

どのようなメニューがあって、料金はいくらなのか、ひと目でわかるように記入しましょう。

❹お問合せ先

メールでお問合せいただいてもいいですが、お問合せのフォームがある方が相談されやすいです。

❺特定商取引に基づく表記

法律上必要なので必ず記載するようにしてください。インターネットで「特定商取引に基づく表記」と検索すると、さまざまな事例が出てきます。参考にしながらつくってみてください。

❻プライバシーポリシー

個人情報の取り扱いについて「私は個人情報をしっかり取り扱っています」と宣言する内容を公表している方が、安心して申し込んでもらえます。

❼いただいた感想（お客様の声）

感想を書いてもらってから増やしていきましょう。

❽よくある質問

質問を受けるたびに控えておきましょう。または質問を受けそうなことをあらかじめ準備して記入しておいてもいいかもしれません。

あなたのカウンセリングをオススメする理由や
どのように変化することができるのかなど
ゴールが明確なほどお申し込みは増えます。

あなたを知ってもらうための準備③

 お申し込み方法

カウンセリングへのお申し込みをメールで受け付けることがあるかもしれませんが、メールの場合、申し込むときに何を書いていいのか相談者さんがわからなかったり、やり取りを何往復もせざるをえなくなることがあります。

その分、あなた自身の時間も使うことになり、相談者さんも面倒だなと思って申し込みをやめてしまうかもしれません。

このようなことを減らすためにも先に申し込みフォームをつくっておくことをオススメします。

トップページにそのまま申し込みフォームを埋め込んでもいいですし、申し込みボタンをクリックして別のページにリンクさせてもいいです。

申し込みフォームを活用することでメールよりもお申し込み数は増えると思ってくださいね。

 申し込みフォームを選ぶとき

申し込みフォームは無料のものから有料のものまで、さまざまです。

最初はお金をかけたくないと思う場合は、オレンジフォームやフォームズのような無料のフォームを利用するといいでしょう。

時間を管理できるリザーブストックというフォームもあります。

はじめから有料でもいい場合は、オートビズは電話でサポートしてくれるので初心者でも安心して利用できます。

カウンセリングの内容によっては相談者さんの性別が限定されていたり、必要のない項目や、足りない項目があるかもしれません。

自分のカウンセリングに合った内容のフォームをつくってみましょう。

申し込みフォームの項目（例）

お申し込み専用ページ

下記のお申し込みフォームから

氏名（姓・名）／ふりがな／年齢／性別／携帯電話番号／住所／

解決したいお悩み、期待すること／ご質問（あれば）／カウンセリングご希望日時

をご記入のうえ、送信ください。

氏名		ふりがな	
年齢	性別	携帯電話番号	
住所			

解決したいお悩み、期待すること

ご質問　　　　　　　　　　　　　　　　　　ご希望日時

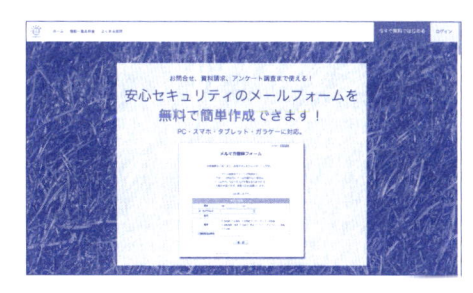

オレンジフォーム
https://form.orange-cloud7.net/

お互いの手間を省くために
フォームがあると便利です。
リストの管理もしやすくなります。

あなたを知ってもらうための準備④

あなたを知ってもらうために

ホームページをつくっただけではカウンセリングへの申し込みにはつながりません。あなたのカウンセリングを知ってもらえるように行動しましょう。

●ブログや SNS を活用する

ブログであなたの専門性がわかるような内容の記事を書いてみましょう。

ブログタイトルには検索されやすいキーワードを使うことも気をつけてみましょう。

●出会いの場に行ってみる

お茶会や、異業種交流会、各種セミナーに参加して人と出会う機会を増やしましょう。

そして、あなたの活動を知ってもらえるように名刺交換などをしてみてください。このときに、頑張ってセールスするようなことはしないように気をつけましょう。

●出会いの場を自分でつくる

お茶会や、ランチ会、2時間ほどの勉強会、4時間～1日のセミナーなど、あなたができそうなことから始めてみましょう。

ブログや SNS、交流会などで実際に会って交流し、あなたがどのような人なのかを知ってもらうと、カウンセリングの申し込みにつながりやすいです。出会いの場、交流できる場を自分でつくっていきましょう。

つくったら知ってもらおう

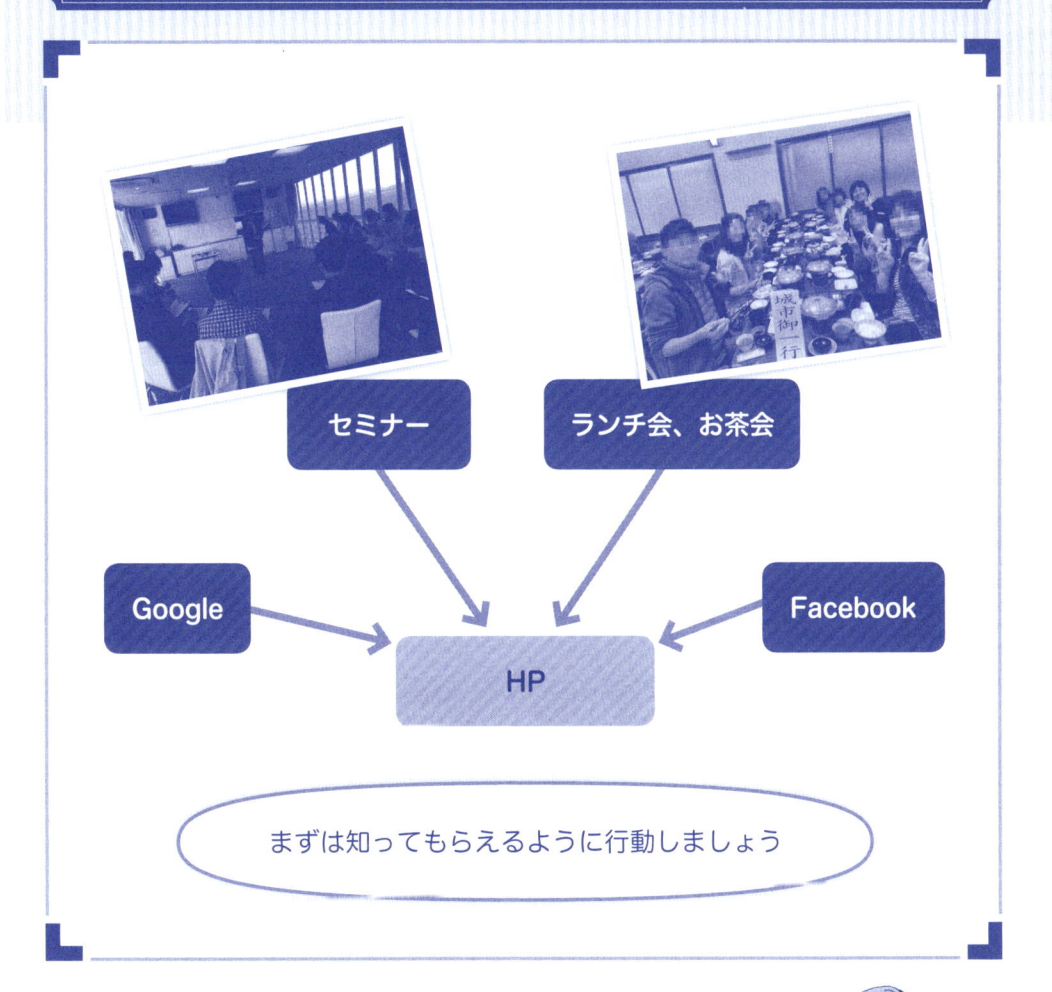

セミナー

ランチ会、お茶会

Google

Facebook

HP

まずは知ってもらえるように行動しましょう

インターネットを通してだけではなく実際に
出会える場に出かけて、
あなたの魅力を知ってもらいましょう。

人気のカウンセラーが集客のために
やっていること

人気のカウンセラーのクセ

　人気のカウンセラーは常に人から興味をもってもらえるようにアンテナが張られています。アンテナが張られているから、必要なアイデアがひらめいたり、必要な情報に気づけたりするのです。あなたと出会う人すべてに対して、あなたが提供するカウンセリングに興味をもってもらえるようにするには、どうすればいいと思いますか？　という質問を自分に投げかけるクセをもつことによって、あなたは人気のカウンセラーに近づいていきます。

名刺を活用する

　人気のカウンセラーにとっての名刺の役割は、自分の分身であり、受け取った人に興味をもってもらい、話をして仲良くなるための方法のひとつだと思っています。

　あなたの肩書や、あなたのカウンセリングを受けることのメリットを目立つように書いてみてください。裏面も利用してあなたに興味をもってもらえそうなこと、なにか質問してもらい会話が続けられるような工夫をしてみてくださいね。

名刺と違うつながりが生まれる Facebook

　これは、あなたが Facebook に登録して活用していることが前提です。名刺交換をしながら話が弾んだところで、話している相手に Facebook に登録をしているか聞いてみてください。そして Facebook に登録をしている場合、できるだけその場でお友達申請をするように心がけてみてください。

　お礼のメッセージなどちょっとしたことですが、そのようなやり取りを続けていくうちに、あなたのカウンセリングを受けたいと思う人が増えていきます。名刺や SNS を活用して、たくさんの人と仲良くなってくださいね。

人から興味をもってもらうために

クセ
人気を得るために
常に情報収集のアンテナを張るクセをつけよう

名刺
ただ、連絡先が書いてあればいいわけではない。
興味をもってもらえる工夫をしよう

肩書やタイトルをわかりやすくする
・話題になりやすい
・覚えてもらいやすくする

顔写真を入れる
・覚えてもらいやすくする
・親しみがある

とくに裏面は……
・誰に来てもらいたいかわかるように
・何を伝えたいかをハッキリと
・どのような行動をしてもらいたいか
を意識して書く

子育てカウンセラー
鈴木 花子

Facebook
相手もアカウントを持っているなら友達になろう。
名刺交換だけでは生まれないつながりができる

これから出会う未来の相談者さんと、
どうすれば出会えるかな？　という質問を
自分に投げかけることを習慣にしましょう。

カウンセラー初心者の集客法

 まずはデビューすることです

　カウンセラーとしてスタートすることは、とても勇気のいることだと思います。準備はできたけれど、なかなかスタートできない……この葛藤している時間が一番辛くて苦しい時間なのかもしれません。でも、いつかスタートしなければ、あなたは永遠に葛藤したままになってしまいます。そうならないために、勇気を出して一歩を踏み出してみましょう。

　まずはじめに、緊張しながらでも、つまずきながらでも、声が震えながらでもカウンセリングを受けてくれる人を想像してみてください。あなたを応援してくれる人です。それは家族の誰かですか？　お友達ですか？　その人にモニターとして、実際にカウンセリングを受けてみてもらってください。

　このとき、たとえ家族やお友達であってもカウンセリングを受けた感想を書いてもらってください。そして、相談者さんの声としてブログなどに掲載してもいいかを聞いて、OK の場合はブログなどに書いてください。

　いきなりお金を受け取る自信がないようでしたら、料金を段階的に上げていくといいと思います。カウンセリングの経験をした数と、自信と、受け取れるお金の金額は、ほぼ同じように育っていくと思ってくださいね。

　ただ、自分に甘くしすぎないようにすることも大切です。自分が思っているよりも少し高めの金額を設定することと同様に、少しだけ背伸びすることも一人前のカウンセラーとして成長するためには必要です。

　はやくスタートすることによって、カウンセリングも改善点が見つかって、より良いカウンセリングを提供できるようになります。挑戦と改善と再スタートを繰り返して、あなたなりのカウンセリングスタイルをつくってくださいね。

モニター人数は決めておこう

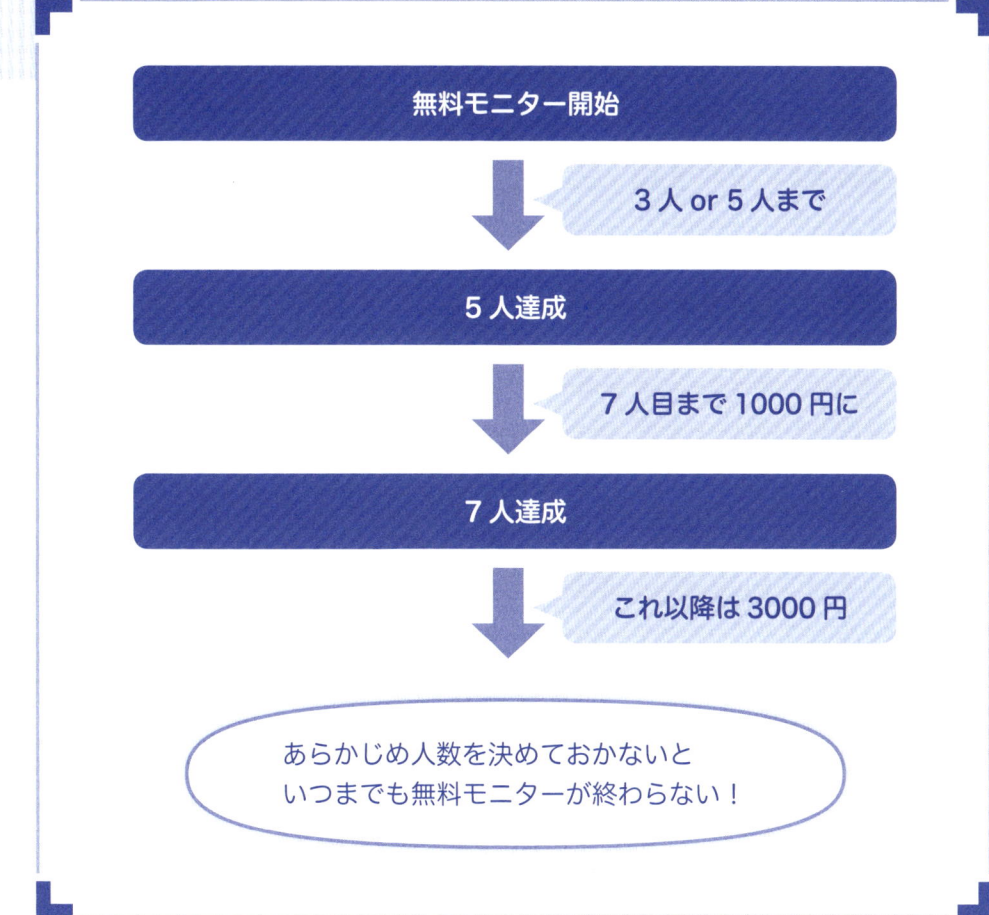

無料モニター開始

↓ 3人 or 5人まで

5人達成

↓ 7人目まで1000円に

7人達成

↓ これ以降は3000円

あらかじめ人数を決めておかないと
いつまでも無料モニターが終わらない！

たとえ練習であっても経験するほどに
カウンセリングのスキルは磨かれていきます。
勇気をもってスタートしてくださいね。

モニターからクライエントへ

 無料モニター（3〜5名）

　あなたが、いきなり知らない人のカウンセリングを正規の料金で行えるなら、モニターは必要ないかもしれません。しかし、まだ学びが必要でお金を受け取ってカウンセリングするには勇気が必要だなと思うなら、モニターからスタートすることをオススメします。あなたの練習に付き合ってくれる人を無料モニターとして経験を積みましょう。

　ここでの経験で改善点を見つけ、カウンセリングの内容を磨いていきましょう。そして、感想を書いてもらいましょう。

有料モニター（3〜5名ずつステップアップ）

　次はお金を受け取る練習をしながらカウンセリングの質を磨いていきます。最初は１０００円でも３０００円でも、あなたが受け取れる金額からスタートしてみてください。そして３名〜５名ずつ金額を上げていくようにすると、無理なくお金を受け取りながらカウンセリングすることができるようになっていきます。

相談者さん（クライエント）

　そのうちモニターさんからの紹介が続いたり、ブログや Facebook からのお申し込みがきてカウンセリングができるようになってくるはずです。ここまで来ると、経験も積んで自信もついてきた頃だと思います。何をどのように改善すればいいかも、話を聞きながら瞬時にわかるようになっていると思います。

　ここまで到達しても相談者さんを紹介してくださいねというメッセージは伝えるようにしてください。相談者さんに言うことで、口コミ紹介が増えることが多いのです。

モニターのステップアップ

無料モニター（3〜5人）

家族、友達など
あなたを応援してくれる人にお願いしてみよう

有料モニター

お金を受け取る練習でもある。
家族の友達や友達の友達など
積極的に知らない人へ頼んでみよう

少しの背伸びは必要です。
しかし無理のないように自分に合った方法で
スタートしてくださいね。

人気のカウンセラーが口コミ紹介の ためにやっていること

 紹介のお願いは習慣になると言いやすい

　具体的にこのような内容（あなたの専門性）を解決したいとか、楽になりたい人がいたら紹介してくださいねと声をかけてください。そうした声を受け取った人は、アンテナがのびて、そういうカウンセリングが必要な人が頭の中に浮かんでくる確率が上がってきます。もし、口頭で言いにくいようでしたらカウンセリング終了時のアンケートの中に書いておけば、あなた自身もイヤな思いをすることなく伝えられると思います。

紹介で来ていただいたら

　紹介してくれた人にお礼を忘れないようにしましょう。絶対の正解はありませんが電話やメールなど、あなたが伝えやすい方法で早めにお礼を伝えるようにしてくださいね。

　そして、紹介してくれた人にも、紹介で来てくださった人にも、専用の割引きメニューなどをつくっておくといいかもしれません。または何かプレゼントするなど、あなたなりに工夫をしてみてください。ただ、あまり高価なものは相手に気をつかわせてしまうので、1000 円以下のものがいいと思います。

本当に価値を感じてもらうと

　コースを受けて嬉しい変化が生じると、相談者さんご本人がワクワクしてくれます。このカウンセリングは本当にいいものだと感じていただけると、こちらから紹介のお願いをしなくても、相談者さんから自然に口コミ紹介をしてくることが増えてきます。

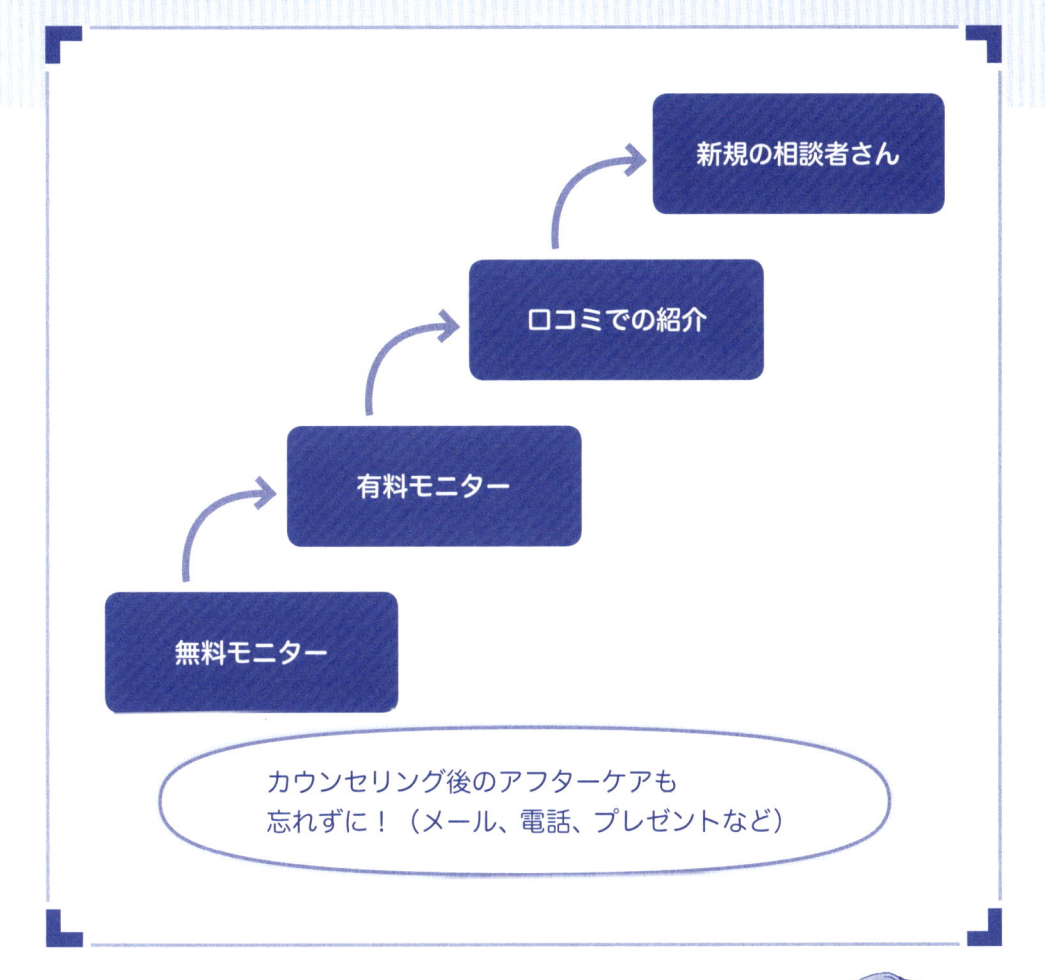

カウンセラーとしての活動のステップ

新規の相談者さん

口コミでの紹介

有料モニター

無料モニター

カウンセリング後のアフターケアも
忘れずに！（メール、電話、プレゼントなど）

「紹介してください」は恥ずかしい言葉では
ありません。あなたと出会って楽になれる人と
出会える可能性を自分で狭めないでくださいね。

Column

カウンセリングはテクニックよりも……

　カウンセリングを学んでいるときはテクニックを覚えようとします。
　カウンセリングを始めたときは、そのテクニックをうまく使えるようになろうと努めようとするかもしれません。学んで、覚えて、実践するということは、とても大切なことで、カウンセラーの基本です。
　でも、カウンセリング中に相談者さんに深く寄り添うことや、相談者さんとの時間や空間を大切にすることが、テクニックを駆使するよりも、より相談者さんを癒して元気にすることがあります。
　何が一番ということはありませんが、相談者さんが心地よく安心して過ごせる雰囲気や空間をあなたが提供できるようになってくださいね。
　そして、丁寧な言葉を使うようにしていただきたいのですが、丁寧すぎるとカウンセラーと相談者さんの間に距離ができてしまいます。丁寧すぎないように、くだけすぎないように気をつけましょう。
　それから、無意識へのアプローチとして五感を意識してみるのもいいかもしれません。五感とは、視覚、聴覚、味覚、嗅覚、触覚のことを言います。この五感を活用して心地よさを演出することができるのです。
　私のサロンの場合は、
- 視覚　清潔感を意識して見た目をシンプルに。
- 聴覚　ヒーリングの音楽を流す。
- 味覚　女性へのカウンセリングなので薔薇の花びらのお茶で女性力をアップできるようにする。
- 嗅覚　ローズの香りのお香をたいておく。
- 触覚　カウンセリング中に触れられるように天然石をカゴに入れて目の前に置いておく。

このように工夫しています。

Chapter
6

人気のカウンセラーとして
忘れてはいけないこと

相談者さんが話す悩みよりも 大切なこと

 話している内容のその奥に

　相談者さんは、悩んでいることや、問題だと思っていることを、いろいろ整理できていない状態でお話しされることがほとんどだと思います。

　相談者さんの言葉ひとつひとつに反応するのではなく、「どのような内容を話しても大丈夫ですよ」「あなたの中に溜めていたものすべてを今ここで出し切ってください」「あなたが出し切れるまで寄り添いながら引き出していきますよ」という姿勢でいることが大切です。

　そして、今の悩みや問題のその奥に、本当の思いや期待が隠れていることが多いです。話を聞きながら悩みの本質はどこにあるのか？　本当は何を望んでいるのか？　ゴール設定したものと一致しているのか？　と、カウンセラーのあなたが冷静に見極められるように相談者さんと一緒に整理してみてください。そのとき、必ずメモをとりましょう。話を聞くだけだとわからなかったことがメモを残すことで視覚化でき、相談者さん自身も改めて整理できる場合があります。

　相談者さんの中に必ず最終的にこうなりたい、こうしたいという本当の望みが隠れています。その本当の望みを宝探しのように探してみてください。そして、その宝物が見つかった後は、まるでそれには触れてはいけないかのように、「○○してはいけない」という言葉が出てくることが多いようです。そんな風に思わなくていいよと言いたくなるところですが、どうしてそう思うのか？　を根気強く聞いてみてくださいね。そして、どうすれば、その○○をやってもよくなるのかを聞いてみてください。

相談者さんに振り回されないこと

ついテクニックに頼ってしまいそうになりますが、
それよりも相談者さんに深く寄り添うことを
心がけましょう。

カウンセリング前に必要な
3つの準備

整える時間

カウンセリングをする前にお部屋の整理整頓、お掃除など、場を整えることが必要です。音楽や、アロマやお香の香りで相談者さんをお迎えするカウンセラーも多いです。いつも決まった準備をすることで、あなたの心の準備も整います。相談者さんをお迎えするまでに、どのようなことをするのかを書き出しておくのもいいかもしれません。あなたなりの準備を考えてみてくださいね。

カウンセリングシートの準備

相談者さんをお迎えして、あなたがお茶など飲み物の用意をしている間に、相談者さんにカウンセリングシートに記入しておいてもらいましょう。記入内容は今日の自分の課題などです。記入することで、相談者さん自身に思考の整理をしてもらったり、今からカウンセリングを受けるんだという心の準備をしてもらうことができます。専用シートを作成しておいてもいいですし、白紙のコピー用紙にざっくりと書いてもらうのもいいでしょう。

カウンセリングスタートの合図

お茶を出して、少し雑談をして和やかな雰囲気になった後、「それでは、今からカウンセリングをします。よろしくお願いします」など、きちんとご挨拶することで、お互いのスイッチが切り替わります。

ちょっとしたことですがスイッチを切り替えることでカウンセリングがしやすくなりますので、スタートの挨拶は必ず行うようにしましょう。

ルーティンワークで集中力 UP

整える時間

カウンセリング
シートの準備

カウンセリング
スタートの合図

毎回、同じように準備をして場所や空間を整え、
あなた自身も整えて、カウンセリングに向かいましょう。

カウンセリングに入る前のルーティンワークを
決めて、今からカウンセリングをしますという
スイッチを入れましょう。

人気のカウンセラーがやっている カウンセリングのステップ

 カウンセリングのステップ

①話しやすい環境・場づくり

　世間話をしながらカウンセリングに入りやすい状態をつくります。

②相談内容の確認

　アンケートのようなカウンセリングシートを作成しておき、名前や相談したいことを記入してもらいます。

③今回のカウンセリングのゴール設定

　帰るときにどんな状態になっていたいのかを聞いてゴール設定をします。

④今の状態を聞いていく

　初回の方はお悩みなど今の状況を詳細に聞いていきます。2度目以降の方は前回のカウンセリング前と後の変化や今の状況を聞いていきます。

⑤今回のゴールに必要なこと

　相談者さん自身が自分の中にある答えに気づけるような質問や、ゴール設定したことに近づけるような質問をしていきましょう。

⑥宣言

　古い考え方や行動パターンが見つかった場合はそれらを手放すように宣言します。宣言を行うことで自分との約束をしてもらいます。

⑦振り返り・質問など

　自分がどのように変化できたかを自分で確認してもらいます。時間に余裕があれば相談者さんからの質問を聞いて答えてもいいでしょう。

⑧アンケート記入

⑨次回カウンセリングの予約受付け

⑩お見送り

カウンセリングの流れ

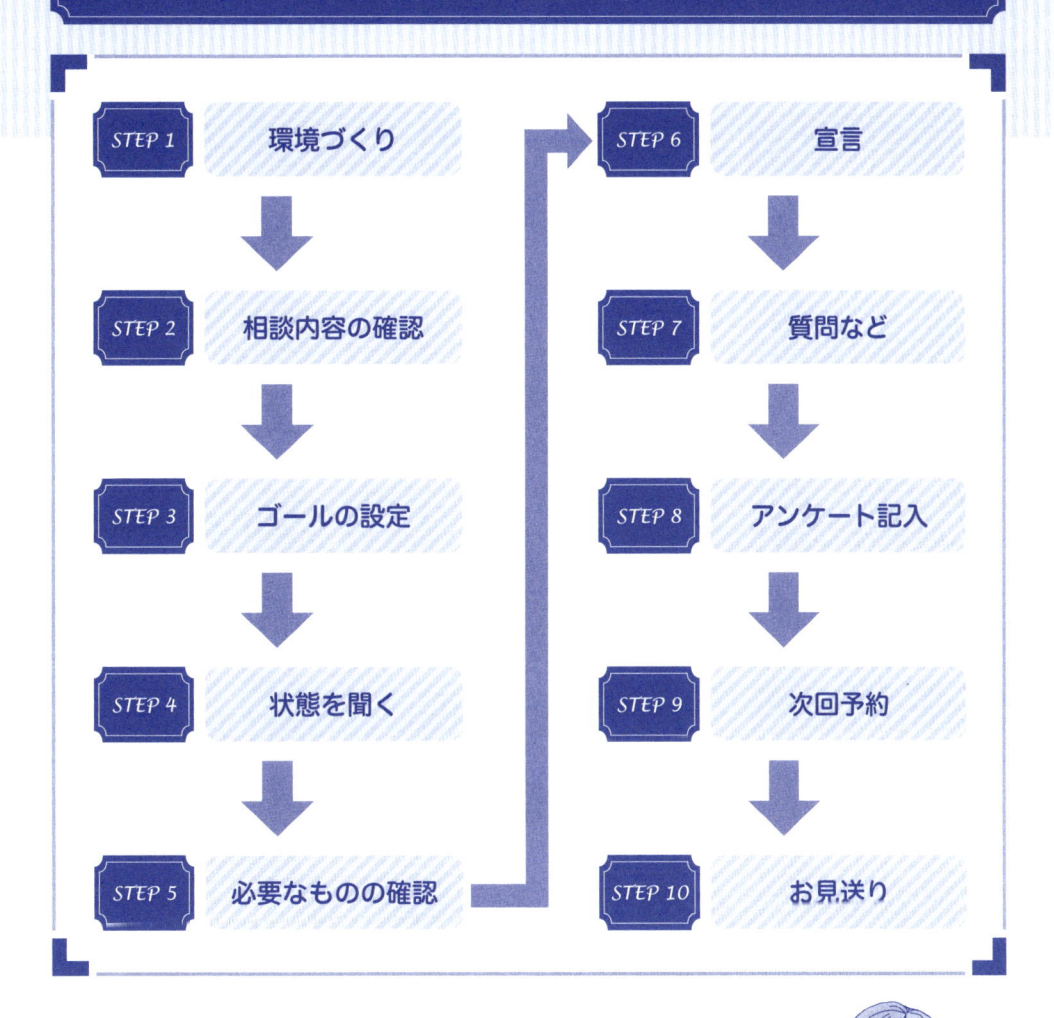

STEP 1	環境づくり	STEP 6	宣言
STEP 2	相談内容の確認	STEP 7	質問など
STEP 3	ゴールの設定	STEP 8	アンケート記入
STEP 4	状態を聞く	STEP 9	次回予約
STEP 5	必要なものの確認	STEP 10	お見送り

カウンセリングの流れを先にイメージしておくと
スムーズにカウンセリングを
進めることができます。

相談者さんの問題解決につながる
３つのポイント

 話はさえぎらないで最後まで聞いてあげましょう

　話をさえぎらないで聞くというと、ただ黙って聞いていればいいと勘違いすることがあります。相手の話すペースに合わせた相槌をうちながら、相手が話を続けやすくなるような質問も交え、全部話しつくせるように導きながら聞きましょう。それによって、この人は話を聞いてくれる人だ、と安心して、思うことをいろいろと話してくれるようになります。

 どのような内容も、どのような言葉も否定しない

　悩みの深さや問題の大きさは、相談者さんによって、さまざまですが、話を聞いていくうちに耳を疑いたくなるような言葉（単語）が飛び出してくることがあるかもしれません。

　心の中で「えー！　どうしよう」と思うようなことがあるかもしれないのですが、平静を装い「へーそうなんですね」と落ち着いた雰囲気で聞くようにしてくださいね。

 受容力と共感力

　カウンセリング中に話を聞きながら「つまらないな」「早く終わらないかな」など思ってしまうと伝わって、相談者さんを不快な気持ちにさせてしまうかもしれません。心の中で「そんなことあるはずがない」「それって嘘だ」と批判したり、評価や判断をしても同じように伝わってしまいます。

　相手をまるごと受け入れ、「そんなときもあるよね」という「共感」をもって聞いていくと、「もっと話したい」「もっと聞いてもらいたい」といろいろなお話を聞かせてもらえることにつながります。相談者さんに安心感を与え、問題解決の糸口が見つかるよう心がけましょう。

カウンセリングに必要な3つのポイント

話はさえぎらないで
最後まで聞いて
あげましょう

どのような内容も、
どのような言葉も
否定しない

受容力と共感力

あなたがどのような思いで話を聞くのか、
その姿勢でカウンセリングの質は変わります。
これらを意識することも寄り添うということなのです。

自分に興味をもってくれているのか？　それとも、
テクニックを意識しているのか？　など、あなたが
相談者さんから観察されているかもしれませんよ。

話を聞くときに大切なこと

 聞く技術よりも大切なこと

カウンセリングの基本は傾聴（熱心に聞くこと）と言われています。そして話の聞き方には傾聴以外にもさまざまな方法があります。これらはテクニックと言われていますが、カウンセリングにはテクニックよりも大切なことがあると思っています。それは話を聞くときの姿勢です。

カウンセラーとしての仕事だから聞いている人が使うテクニックと、大切な話だと思って聞いている人が使うテクニックとでは、質が変わってくるものです。

話を聞く姿勢が変わるだけでも、カウンセリングの質が変わり、結果までが良い方へと変わっていくと思いませんか？　話を聞くときの姿勢を工夫するだけでも相談者さんは癒され、次のステップへと進んでいけるかもしれません。

 身近に感じてもらうために

カウンセリングをすると先生と呼ばれたりすることがあります。相談者さんからすると「すごい人」と設定されてしまうようです。そして先生と呼ばれるとカウンセラーはすごい人のように振る舞わなければいけないのかな？

と考えてしまったりします。そして本来の自分よりも背伸びしなくてはいけないような気持ちになったり、相談者さんが思うカウンセラー像を演じなくてはならなくなってしまったり……。本来の自分を見失って、あなた自身が大変な思いをすることになってしまうかもしれません。

そんなとき、私はニックネームで呼んでもらうことで、身近に感じてもらって話しやすくするようにしています。ニックネームがない場合、下の名前で○○さんと呼んでもらうのも、いいかもしれませんね。

テクニックより姿勢

× カウンセラーの仕事として
テクニックで人の話を聞く

○ 大切な人の話を聞いている人が
使う姿勢

カウンセラーとしての
姿勢がカウンセリングの
質を変えます。

もし、あなたが相談者さんの立場なら、どのように話を聞いてもらいたいかな？　と考えながらカウンセリング内容をイメージしてみるといいかもしれませんね。

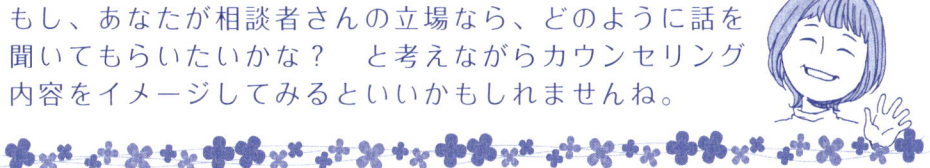

感想を書いてもらいましょう

感想の書き方について

カウンセリング終了時は感想を書いてもらうようにしましょう。

・どのような気づきがあったのか

・改善したいと思ったことがあったのか、それは実現できそうなのか

・また受けたいと思うか、思わないか

・継続してカウンセリングを受けてみたいか、そう思わないか

・このカウンセリングを誰かに紹介したいと思ったか？
　思わないか？

・どうしてそう思ったのか？

・このカウンセリングを紹介するとしたら、どう伝えるか？

・この感想をブログなどで紹介してもいいかを聞く。
　名前を出してもいいか？　イニシャルならいいか？　希望しないか

感想のコツ

　感想は記入する項目だけではなく「はい」か「いいえ」など、○をつけてもらう項目も準備しておきましょう。解答を用意することによって気楽さが生じて面倒くささが減り、記入欄に書き込みやすくなります。

感想の活用方法

　感想を書いてもらうことによって、あなたが知りたい情報を入手することができます。そして、記入してもらった感想は、これからカウンセリングを受けるかもしれない人が参考にできる体験者の声となるので、ブログなどへ掲載させてもらいましょう。それを読んでもらうことで、こんな感じなのかな？　とイメージしてもらいやすくなります。情報が何もないよりも感想を掲載した方が、安心感を与えることができたり、興味をもってもらえたりします。

アンケートに答えてもらおう

- どのような気づきがあったのか

- 改善したいと思ったことが あったのか、できそうなのか

- また受けたいと思う、思わない

- 継続してカウンセリングを受けてみたいか 思わないか

- このカウンセリングを 紹介したいと思ったか？　思わないか？

- どうしてそう思ったのか？

- このカウンセリングを紹介するとしたら、 どう伝えるか？

- ブログなどで紹介してもいいか？ 名前を出していいか？

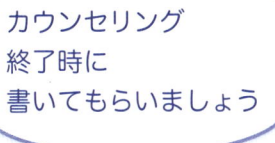

カウンセリング
終了時に
書いてもらいましょう

カウンセリングを始めてスグは感想を読んで
一喜一憂してしまうかもしれませんが感想の
活用方法に慣れてくるとブレなくなってきますよ。

相談者さんを応援するときに 気をつけること

 相談者を全力で応援してあげてください

　コースのカウンセリングを申し込まれ、数回カウンセリングを繰り返すうちに相談者さんと親しくなります。

　そして数回カウンセリングを行うことによって、悩みの解決から、新しいことへのチャレンジへ、相談者さんの望みが変化します。

　そうなったらカウンセラーはカウンセリングの型から出る勇気が求められます。たとえばカウンセリングとは話を聞くことであって応援することではない、コーチングのようなことはやってはいけない、という制限に葛藤するかもしれません。このとき、何が大切かを考えてみてください。

　カウンセラーとしてカウンセリングの基本から外れないことが大切なのか？　それとも目の前にいる相談者さんを応援することが大切なのか？　あなたのもっているカウンセリングの知識や技法を出しきって、相談者さんを全力で応援してあげてほしいと思います。

応援するときに気をつけること

　カウンセリングを続けていくうちに、相談者さんの望むことを応援することになった場合、注意が必要です。相談者さんは次の段階に進むときに不安や恐れを感じます。このときに「頑張って」とついつい言いたくなります。

　相談者さんが頑張りたいときは「頑張ってね」と声をかければいいのですが、「頑張ることが辛い」と思っている場合は「焦らずにやっていこうね」など言葉を変える必要があります。一般的に、カウンセラーは応援する言葉はほとんどと言っていいくらい使わないものです。あくまでも不安や恐れを手放せるようなお手伝いをしてあげてくださいね。

寄り添って、受け入れること

ゴールに近づけるように
コントロールしないように
気をつけてください。

カウンセラーはあくまでも
見守るスタイルを崩さないように、
相談者さんが自分のチカラで進んで
いけるようにしてください。

その時々によって変化する気持ちに
寄り添って、どの気持ちでも
OK を出してあげてくださいね。

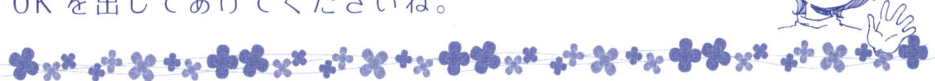

カウンセリングは１回きりでも
リピートでもいい

 カウンセリングのメニューは提案のみ

　カウンセリングのメニューは、お試し体験のもの、１回完結のもの、そして複数回のコースをつくると思います。

　そして、カウンセラーとしては複数回のコースを相談者さんにオススメしたくなると思います。１回きりで終わってしまうよりも、複数回カウンセリングした方がより癒されて、望むことを実現するスピードが違うかもしれません。気持ちがブレたとしても最悪なことにはならず、速やかに良い状態に戻せるかもしれません。ひょっとしたら提供する側は１回なんてもったいないと思ってしまうこともあるでしょう。コースの方がいいよって言いたくなるかもしれません。

　しかし、言ってはいけないことではないのですが、選択や申し込みは相談者さんが決めることです。相談者さんが１回のみを選んだとしたら、今は１回が必要だったのだと思うようにしてください。

　カウンセラーのあなたから強くオススメするということは、やめておいた方がいいです。「何を決めるのもあなたの自由。何を選ぶのもあなたの自由。私はあなたが自由に決めて選んだことを、そのまま受け入れて応援します」という姿勢でいてください。

　そのときは売り上げにつながらなくて、残念な気持ちになってしまうかもしれません。でも、必要なときに必要なことが起きます。相談者さんが後からやっぱり複数回を申し込みたいと言うかもしれないし、予想もしていない人からお申し込みが入るかもしれません。今は、目の前の売り上げが気になるかもしれませんが、目の前の相談者さんを追いつめて、せっかく育んだ信頼関係を壊してしまうようなことは避けましょう。

最後は必ず相談者さんの決定が第一

> どちらでも好きな方を
> 選んでくださいね♥

> 本当はコースの方が
> いいけどなぁ～

> 選択や申し込みは
> 相談者さんが決めること。

提案するけれど選ぶのは相談者さんです。
押し付けるのではなく、選びたくなるにはどうすれば
いいんだろう？　と自分に質問を投げかけましょう。

もっと学ぶことを常に忘れない

 学ぶ姿勢はいつまでも大切に

　日々、カウンセリングで相談者さんと向き合うことによって、自分の弱点や、もっと学びたいことが出てくるかもしれません。

　それはカウンセリングのセミナーを再受講することで達成できることなのか、新しく何かを学びに行く必要があることなのか。あるいはカウンセリングとはまったく違うことを学びたくなるかもしれません。あなたが必要だと思うことを進めてみてください。

　ただ、ここで気をつけた方がいいことがあります。それは、自分の実力や技術が未熟だということを前提に学ばないでほしいということです。それが前提だと、自分の提供するメニューが満足のいくものではないと無意識で思ってしまい、求めることがエスカレートしてしまうのです。

　今のメニューでも充実しているけれど、新しく学ぶ内容をプラスしたら、ますます充実した内容になると言い換えるだけでも、学ぶ姿勢が大きく変わってきます。

 言葉は大切です

　たった一言でもセルフイメージが上がったり下がったりして、さまざまなことに影響を及ぼします。または、使う言葉によって受け入れられたり、受け入れられなかったりすることがあるかもしれません。

　それから、聞き慣れた言葉で聞くと理解が早まってスムーズに進む話でも、たまたま理解できない言葉で聞いたことによってついていけないと諦めてしまうこともあります。

　カウンセリングで相談者さんに対して話す言葉はとても大切です。

　あなたが普段、使い慣れている言葉ではなく相談者さんが理解しやすい言葉、受け入れやすい言葉を使うように気をつけましょう。

144

向上心がセルフイメージを上げる

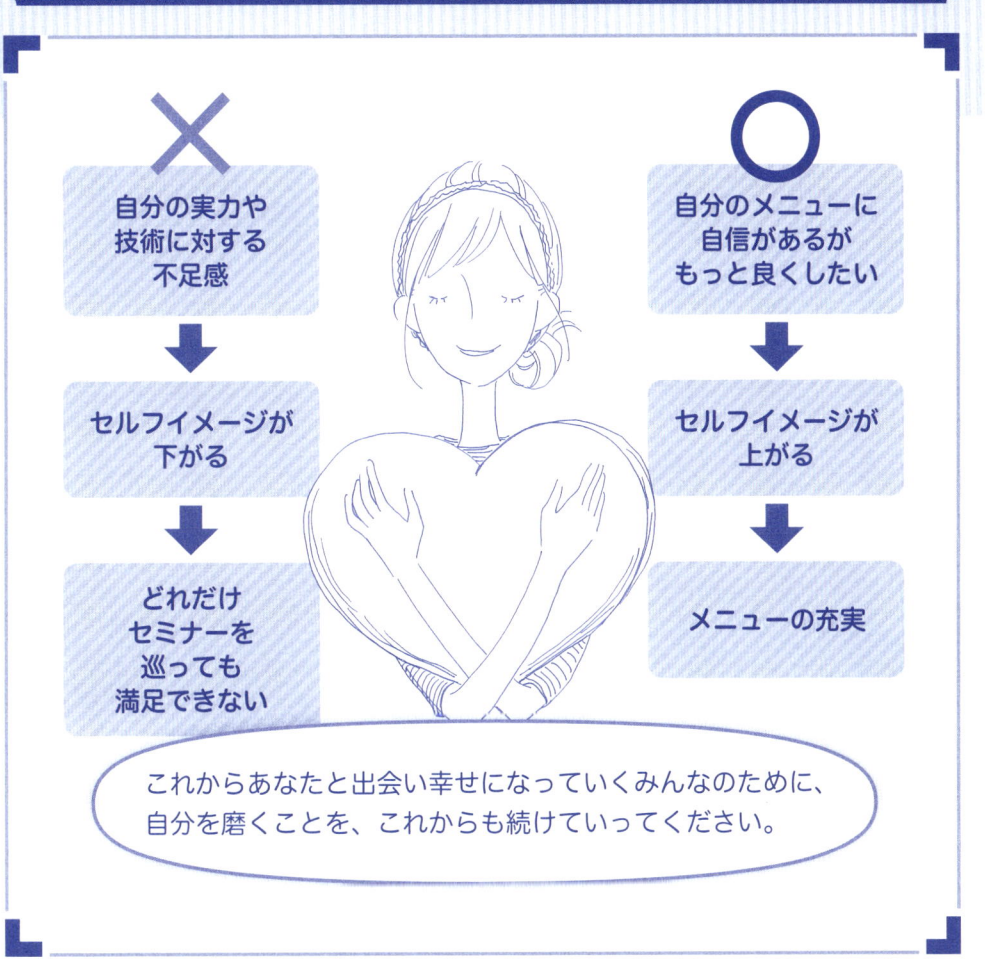

×	○
自分の実力や技術に対する不足感	自分のメニューに自信があるがもっと良くしたい
↓	↓
セルフイメージが下がる	セルフイメージが上がる
↓	↓
どれだけセミナーを巡っても満足できない	メニューの充実

これからあなたと出会い幸せになっていくみんなのために、自分を磨くことを、これからも続けていってください。

アウトプットとインプットのバランスは大切です。どちらかに偏ることのないように学び続ける姿勢をもち続け、そして自分を磨き続けてくださいね。

Column

自分のメンテナンスも大切です

　カウンセリングで人の悩みや問題を聞き、相談者さんと向き合うときに心がけておくといいことがあります。

　それは、あなた自身がニュートラルな状態でい続けることです。

　私たちカウンセラーも気持ちや時間に余裕がもてなくなったときなど、つい感情的になってしまうことがあります。仕事に追われて睡眠不足だと体力的な余裕もなくなってしまいます。

　自分の今の状態がカウンセリングの空間をつくっている……このように考えたとき、今あなたは「私は大丈夫だ」と思いましたか？　それとも、「あ！　気をつけなければ！」と思いましたか？

　個人でカウンセリングのお仕事をしている場合、お休みにしようと思っていた日に相談者さんから予約が入ると、ついつい仕事を優先してしまって、お休みがなくなることがあるかもしれません。

　このようにして時間的な余裕を自分でなくしてしまうことを無意識で行っていませんか？　質の高いカウンセリングを提供するためにも、気持ちの余裕、時間の余裕、体力的な余裕など意識してメンテナンスできるように工夫してみてください。

　私の場合、カウンセリングを始めた頃は申し込みがあると嬉しかったので、ついつい申し込みを優先していました。そのまま月日が経っても申し込みを優先させることが多く、スムーズに休みをとることができなくて疲れがとれない、気持ちも休むことができてなかったので、「何があっても仕事を入れない日」をつくりました。

　そうやって自分との約束を守ることも、自分のメンテナンスにつながるのです。

Chapter
7

リピートしたくなる
環境づくり

また会いたいと
思ってもらえるために①

 あなたらしく自然体で

　はじめて相談者さんがカウンセリングに来たとき、最初はお互いに緊張するかもしれません。

　あなたはカウンセリング前に飲み物を用意したり、軽く世間話をすることで、少し緊張感を和らげることができていると思います。

　しかし、相談者さんは「カウンセリングで何をするんだろう？」「どんな時間になるんだろう？」という不安を抱いたまま話すことになります。

　このときに、カウンセラーであるあなた自身が、どれだけ「リラックスして自然体でいられるか」が重要なポイントになるのです。

　丁寧な言葉を使い、丁寧に対応するといった基本は大切なのですが、丁寧な言葉を使いすぎてしまうと、相談者さんとの距離感が近づかないままになってしまうことがあります。

　時間の経過とともに少しずつ崩して、少しずつやんわりとフレンドリーさを出していくことで距離感を縮め、自然な感じで親しみやすくなっていきましょう。

　親しみやすくなってくると、だんだん話しやすく感じて、相談者さん自身から、もっと話したいと自然に思ってもらえるようになります。

　相談者さんが話しやすくなるために何ができるかを常に研究してみてくださいね。

自然体で話しやすい状態を

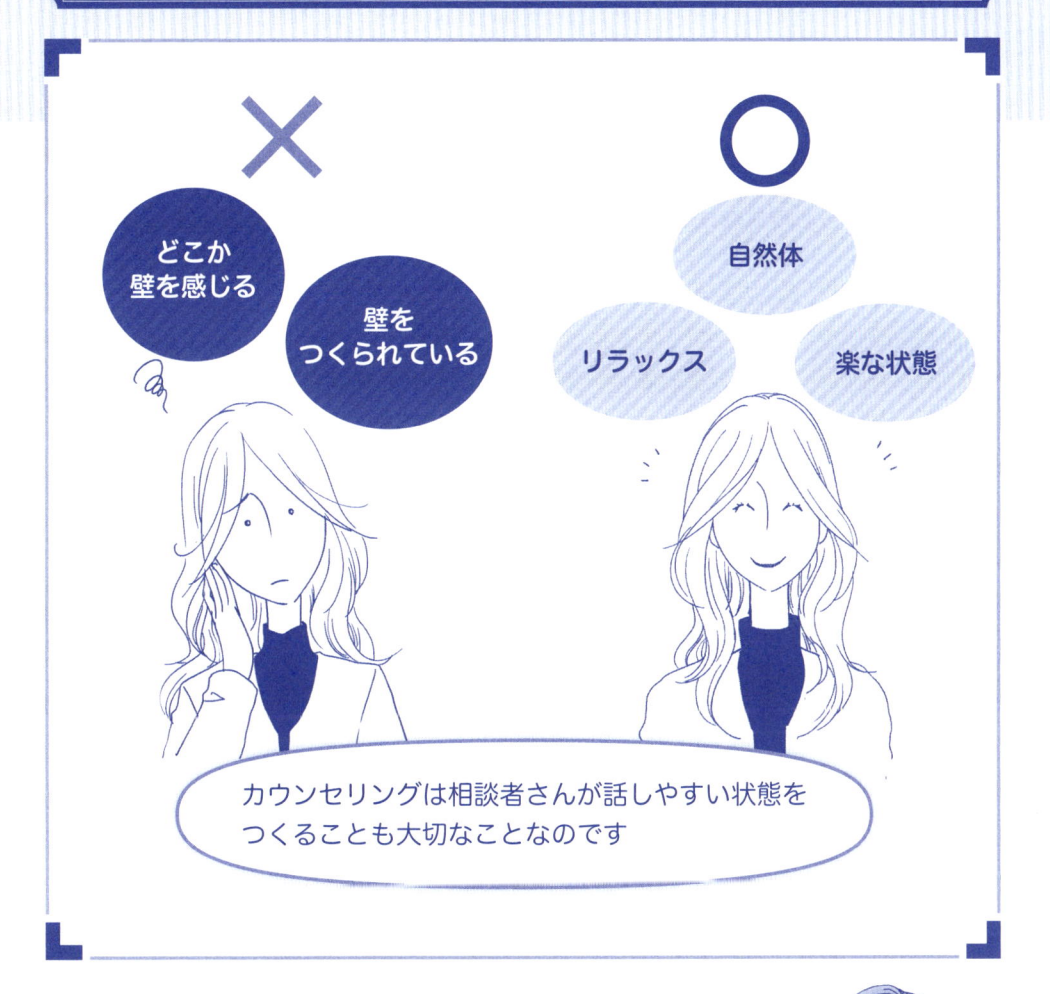

どこか
壁を感じる

壁を
つくられている

自然体

リラックス

楽な状態

カウンセリングは相談者さんが話しやすい状態を
つくることも大切なことなのです

あなたが緊張しないで自然体でいることで相談者さんに
安心感を与えることになります。あなたから
壁をつくってしまわないように気をつけてくださいね。

また会いたいと
思ってもらえるために②

 悩みや苦しみを解決して終わりでなく新たなゴールの伴走者になる

　継続してカウンセリングを行うことによって相談者さんの悩みの質がだんだん変わっていきます。

　はじめて相談に来たときは悩みに支配されて、生きること自体が辛いという状態の方が多いものです。継続してカウンセリングを続けていくことによって、辛さや苦しみから抜け出し、新しい望みに向かって挑戦してみようと思えるようになり、変化していきます。

　そして一つのことに挑戦していると、進化してさらに何かにチャレンジを、と繰り返されていきます。

　このように相談者さんがゴールに向かって進もうとするとき、カウンセラーには応援力が求められます。

　ゴールに向かっていく相談者さんの未来を相談者さん以上に信じて、ゴールまでどのように向かっていくのか？　そのための不安はどのようなことがあるのか？　その不安がなくなったらゴールに行けるのか？　など相談者さんの、心の声に寄り添いながらサポートを進めていってください。

　あなたが行うカウンセリングは、はじめは相談者さんが悩み苦しんでいる状態の解決かもしれないですが、継続のカウンセリングを通して、さまざまなゴールに向かって進んでいく可能性のあるお仕事です。

　あなたのカウンセラーとしての役割は一緒にゴールに向かって進んでいく伴走者になるということかもしれません。相談者さんと共にゴールまでの道のりを楽しめるカウンセラーになってくださいね。

望むゴールに向かって伴走

あなた自身が柔軟に思考や気持ちを
切り替えられるようにして、さまざまなケースに
対応できるようになっておきましょう。

アフターフォローは大切です

 つながり続ける工夫

① サンキューレター

　カウンセリングの次の日に「昨日はお会いできて嬉しかったです」とメールを送信します。このときに、参考として継続のメニューを書いておきます。カウンセリングを受けた直後なので、期間限定で少し金額を下げた料金でお知らせしましょう。

　相談者さんに継続をオススメした方がいいと思ったときは、その気持ちを正直に書いてもいいと思います。そして、継続したいという気持ちになったときは、ご連絡ください、と書いて終わりにします。こちらから提案しても、押し付けることのないように気をつけましょう。

② アフターフォローメール

　カウンセリングを受けて3カ月、または6カ月など期間が空いた時点でアフターフォローのメールを送ります。このとき、アフターフォロー用のカウンセリングメニューをつくっておき、そのようなメニューがあることをお知らせするといいでしょう。

③ メルマガ登録

　メールマガジンに登録して定期的にメールを送信します。メールマガジンには、相談者さんが必要としていそうな情報を書くようにしましょう。

④ セミナーやイベントへのお誘い

　定期的にセミナーやお茶会のようなイベントを開催してカウンセリング以外でも会う機会をつくってみましょう。

⑤ コミュニティーへのお誘い

　Facebook グループなどで無料サークルなどのコミュニティーをつくり、情報交換できるようにしてみましょう。

アフターフォローで継続したつながりを

- サンキューレター
- アフターフォローメール
- セミナーイベント
- メルマガ
- コミュニティ

継続したつながりをもちましょう

つながり続けることで相談者さんに
「一人ではない」という安心感と前に進むパワーを
与えられるようになります。

Lesson 04
カウンセリングが行われるのは
カウンセリングの間だけではない

 まだ出会っていないのに始まっているカウンセリング

　あなたがホームページやブログ、SNS など、インターネットを通してメッセージを発信したり、カウンセリングのお知らせをしているなら、今はまだ出会っていない相談者さんのカウンセリングが、もう始まっていると思ってみてください。

　あなたが伝えているメッセージを読むことで相談者さんが何かを感じて、何か気づきを得ているかもしれません。あなたのカウンセリングに興味をもって過去に書いた記事も読んで、あなたのカウンセリングをもしも受けたならば……？　とイメージが始まっているかもしれません。

　あなたがカウンセリングのメニューをお知らせしているなら、カウンセリングを受けようか、受けないままでいようか、迷っているかもしれません。この迷っている時間もカウンセリングになっている可能性があるのです。

　もし、実際にあなたのカウンセリングに申し込んだなら、申し込んだときからカウンセリングまでの数日間も、相談者さんにとっては葛藤が起きている、カウンセリングの時間になっています。カウンセリングの当日、朝起きてからあなたと会う直前までの時間も、同じようにカウンセリングの時間になっているかもしれません。

　あなたは気がついていないかもしれませんが、相談者さんにとっては、ちょっとしたことでも、カウンセリングの時間になっているのです。直接会って、話をすることだけがカウンセリングではないと考えましょう。

　このようなことを、心の片隅で意識をして活動すると、人気のカウンセラーとして成長していけるはずです。

相談者さんにとっては、生活のすべてが悩みの種に
なる可能性があります。どのようなシーンにも
対応できる自分になる努力をしておきましょう。

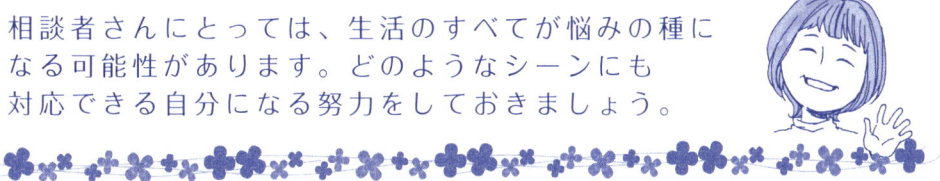

コミュニティーをつくって
相談者さんを一人ぼっちにしない

 カウンセリングが終わっても関係は続けられるように

　カウンセリングは人によっては1回かもしれませんし、複数回続くかもしれません。複数回続けて一旦、卒業したけれど、新しい目標が見つかったことで、再び継続のカウンセリングを申し込まれるかもしれません。

　さまざまなケースが考えられるのですが、一旦、卒業した相談者さんがイイ感じだからと放置して、一人ぼっちにしてしまうのではなく、コミュニティーをつくり、いつでも交流できる安心感を提供できるように工夫してみることをオススメします。

　私の場合は、開催したセミナーごと、グループ単位でのFacebookグループをつくり、参加者さん同士で交流できるようにしています。そうすることで学びを深めあえたり、悩みを相談しあえたり、応援しあえたりと、それぞれに有益な交流ができています。

 コミュニティー活動の提案

　お茶会やランチ会、読書会や勉強会などの参加しやすいものから、みんなが興味のある土地への旅行など、あなたに合った内容を考えてみてください。内容によって参加費は変わると思いますが500円＋飲食費実費というものから3000円くらいまでで設定できる内容で考えてみましょう。

　テーマは毎回同じでも違ってもいいですが、あなたのカウンセリングテーマのこと、あなたの体験談や研究課題などテーマを決めて交流するようにしてみましょう。

コミュニティーへ招待しよう

気をつけるポイント

- 定期的に開催する
- 楽しい時間にする
- また参加したいと思ってもらえるように内容を工夫する
- あなたが交流しやすい人数で（１０名まで、など）
- それぞれの自己紹介の時間を設ける

コミュニティーで継続して交流することで
今まで以上に深い信頼関係を
結ぶことができるのでオススメです。

コミュニティーでのつながりで
世界が広がる

 つながることで起きる化学反応

あなたがコミュニティーをつくり継続して交流することで、さまざまな化学反応が起きます。

- 複数の人と交流することで、あなたのカウンセリングを受けた人から、これから受けたいなと思っている人へ自然にあなたのカウンセリングの紹介が起きるかもしれません。
- 卒業した人が、またカウンセリングを受けにくることになるかもしれません。
- イベントに数回参加することで顔見知りができて、それだけでも元気に前向きになれるかもしれません。
- コミュニティーにしか参加していない人が、知人にあなたのカウンセリングを紹介するかもしれません。
- それぞれの希望を応援しあえる関係ができるかもしれません。
- みんなで成長できる場になるかもしれません。
- それぞれが興味のあることを持ち寄ることで、新しいことを知ることができるかもしれません。

その他にも相乗効果が起きるはずです。

たとえばコミュニティーがあることで、みんなの世界が広がるメリットが感じられるはずです。

まずは、始めてみて、違うなと思うことは改善する、ということを繰り返していくと、あなたにとって心地のいいコミュニティーが育っていきます。

コミュニティーでつながり続けて、みんなの可能性を広げてみてくださいね。

コミュニティーのつながりを大切に

相談者さんからの口コミ紹介

卒業した相談者のリピート

イベントの参加で前向きに

応援しあえる関係

成長しあえる環境づくり

興味のあることを持ち寄る場

あなたのコミュニティーを通して、
みんなの変化や発展を
あなた自身も楽しんでくださいね。

どん底だった私の10年間

　私自身、日々、カウンセリングをして、目の前の人を応援できるようになったことが、いまだに不思議で仕方ありません。

　30代のほぼ10年間、どん底で、暗闇の中で過ごしてきた私。

　内臓疾患、過食症、30キロの激太り、パニック障害、うつ、数回に渡る自殺未遂と、ここに書いただけでも、よく頑張って生きてきたなと思います。

　このように、生きていることが辛くて、苦しくて、どうしようもないくらいにどん底だった私でも、生き方を変えることができたのだから、目の前の相談者さんの未来も変えられるはず、生き方を変えられるはず。相談者さんは自分では、未来を信じられないと思っているかもしれないけれど、カウンセリングに来てくれているということは、変わりたいという希望があるからと受け止めています。

　私の過去の辛くて悲しい経験は今のカウンセリングをするためだったのかもしれないと思うと、すべての最悪な経験すら、宝物にまで思えるようになりました。

　経験しているときには、このように思うことなんてできませんでした。いずれ宝物になるよと誰かに言われたとしてもまったく信じられなかったと思います。もちろん、もうあんな思いはしたくありません。

　この本を読んでくださっているあなたも、過去に何か乗り越えたことがあるのかもしれません。自分がどのようなことを、どのように乗り越えることができたのかを振り返ると、これからのカウンセリングのヒントになることがあるかもしれないですよ。

Chapter
8

うまくいかないときの
対処法

うまくいかなくなるパターン

 自力での集客の限界

　カウンセリング時間が増えて忙しくなってくるとブログやメルマガを書いたり、募集ページを作成したり、といった細々とした仕事ができなくなってきます。

　新しく人脈を広げることもできなくなって、自力で集客ができてない、と焦りが出てくるかもしれません。

　それは効率の良い有料広告など、今までと違う集客方法に移行するタイミングかもしれません。

 カウンセリング能力

　相談者さんによってリズムが違います。変化の方法やパターン、変化が起きるタイミングやスピードが違います。

　とくにカウンセリングの仕事をスタートしてすぐのときは自分のカウンセリング能力が未熟だと悲しくなり、自信がなくなって落ち込んでしまうことがあるかもしれません。このときは、100人いれば100通り、みんな違っていていいんだ、と自分に言ってあげましょう。

🕊 **事業計画**

　月の売り上げ目標や年間の目標、カウンセリングのコースの販売目標など、目標を高く設定しすぎたことよって達成できずに苦しい思いをすることがあるかもしれません。

　目標があるのは素晴らしいことですが、苦しくなるための目標では意味がありません。うまくいかないときは、目標設定の見直しも必要です。

目標設定をして、行動して、確認してみて、改善した方が
より質の高いカウンセリングができようになると思ったら
改善して……と繰り返すことで、うまくいくパターンへと
移行していけるようになります。

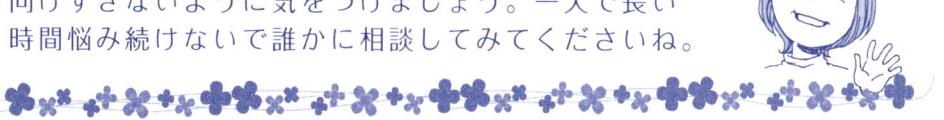

うまくいかないと思うとき、問題にばかり意識を
向けすぎないように気をつけましょう。一人で長い
時間悩み続けないで誰かに相談してみてくださいね。

うまくいかないときに
見直すべきチェックポイント

 カウンセリング

カウンセリングの質を常に意識できるようにチェックしてみましょう。

・雰囲気や表情は相談者さんに安心感を与えられていますか？

・相談者さんに寄り添って話を聞くことはできていますか？

・相談者さんの現在地は把握できていますか？

・カウンセリングのゴールは決まっていますか？

・自分のコンディションは整っていますか？

 集客・運営

集客のための行動ができているかチェックしましょう。

・コースの提案はできていますか？

・ブログや SNS を活用できていますか？

・コミュニティーの運営はできていますか？

・相談者さん以外の人と交流できていますか？

・イベントやセミナーなど企画運営していますか？

・紹介してくれた人にお礼はできていますか？

・無理のないスケジューリングはできていますか？

 計画内容

・無料モニターは決まりましたか？

・有料モニターは決まりましたか？

・正規金額での相談者さんのお申し込みはありましたか？

・口コミ紹介のお願いの話題を出せましたか？

・アフターフォローの準備はできていますか？

・コミュニティーの計画・準備はできていますか？

どこかに問題点があるはず

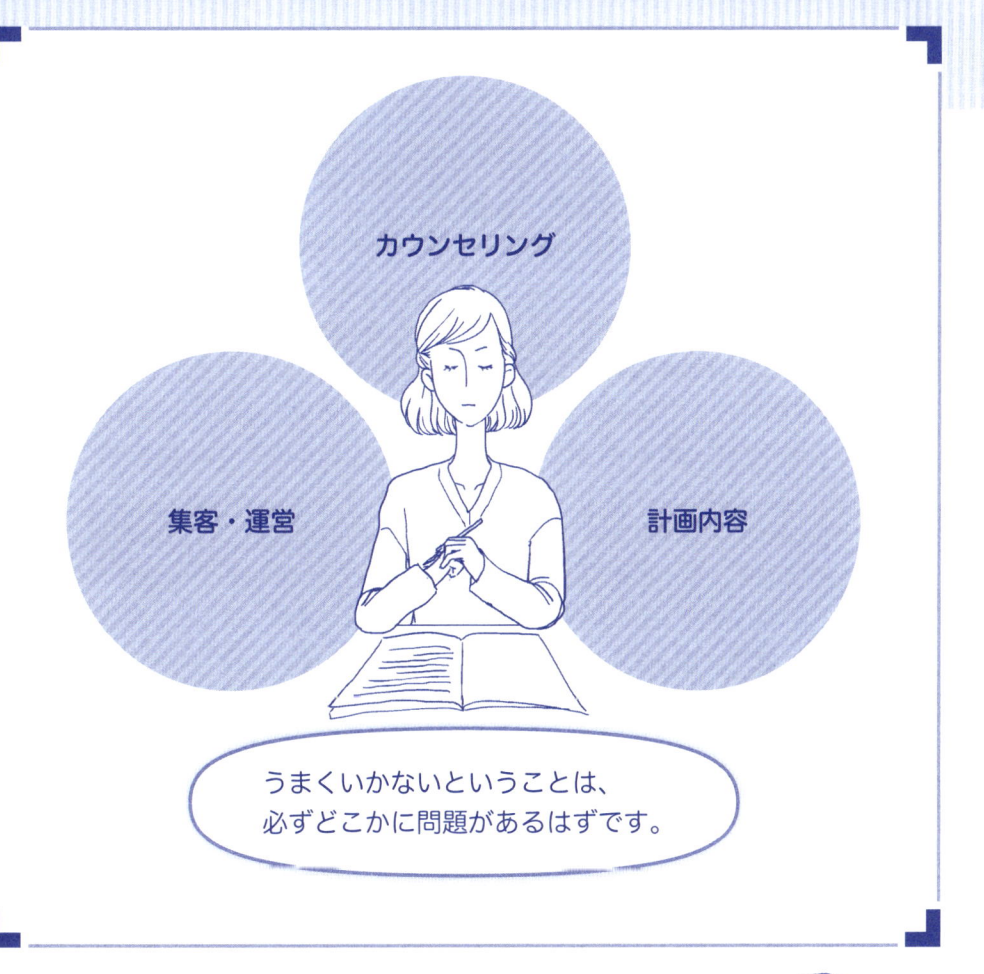

カウンセリング

集客・運営

計画内容

うまくいかないということは、
必ずどこかに問題があるはずです。

うまくいかないからと、あきらめることは
ありません。改善点を見つけて、
新しい気持ちで再スタートしましょう。

あなたがやっているのは 売り込みですか?

 売り込むのと「知ってもらう」の違い

自分のサービスを売るのが苦手で、上手にできないです、と相談を受けることがあります。

あなたの相談者さんは、あなたのカウンセリングを受けることによって、どのように望む状況に近づいていけるのでしょうか? そのために何回くらいカウンセリングを受ければいいでしょうか? その回数の料金はおいくらでしょうか? これが先にわかると、相談者さんは安心してカウンセリングコースを申し込むかどうかと考えることができるのです。

あなたが「できない」と言って提案もしていないせいで、相談者さんが楽になるタイミングを先延ばしにしているかもしれないのです。あなたがカウンセリングのメニューを相談者さんにお知らせするということは、売り込むのではなく提案、お知らせです。

飲食店に置いてあるメニューと変わりません。レストランで料金のないメニューをあなたは注文するのか? 料金の書いてあるメニューから注文するのか? そのメニューを見て売り込まれてると思うのか? これらをイメージしてみてください。

あなたが直接会って口頭で伝えるのがどうしても苦手だと思うなら、メールでお知らせするだけでいいのです。

メールでお知らせすることと、売り込むことは違います。あなたの相談者さんは、あなたのカウンセリングを受けることによって、どのように望む状況に近づいていけるのでしょうか? そのために何回くらいカウンセリングを受ければいいでしょうか? その回数の料金はおいくらでしょうか?

これらが書かれたメニュー票を、良かったら見ておいてね、と手渡すだけでいいかもしれませんよ。「見ておいてね」という言葉は、売り込んでますか?

売り込みはせずにメニューを提示するだけ

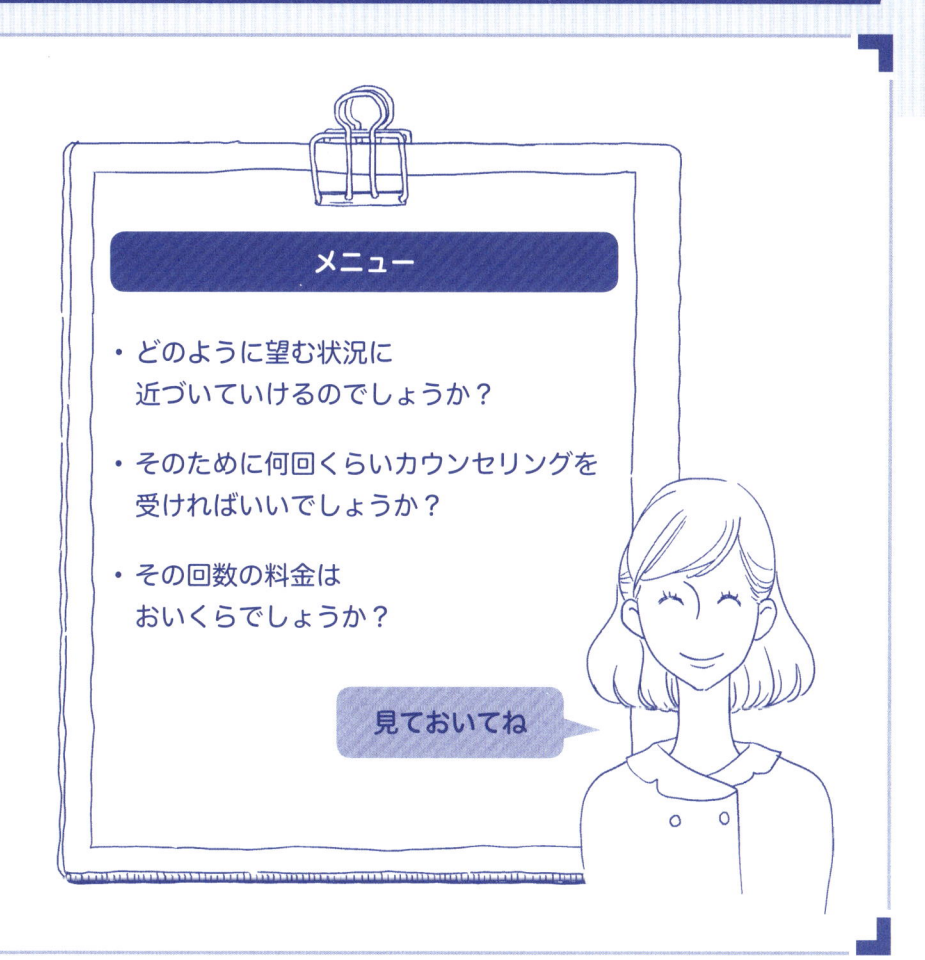

メニュー

- どのように望む状況に
近づいていけるのでしょうか？

- そのために何回くらいカウンセリングを
受ければいいでしょうか？

- その回数の料金は
おいくらでしょうか？

見ておいてね

あなたがメニューを提示するということは、
これからあなたのカウンセリングを受けることで
楽になれるキッカケを提示しているだけなのです。

キャンセルを防ぐためにできること

 カウンセリング料金について

　カウンセリングのお申し込みが入ってから相談者さんは心の中で、カウンセリングの時間ぎりぎりまで、行こうか？　行くのをやめようか？　行きたくなくなった、行くのが怖い、など、葛藤している可能性があります。

　そこで、カウンセリングの当日に料金を現金で受け取ることにしているとキャンセルになることが多々あります。

　私が今までの経験でキャンセルが少なくなったと思えたのは、お申し込みをいただいてから1週間以内にカウンセリング料金を振り込んでもらうようにしてからでした。この方法で、キャンセルの数をぐんと減らすことに成功できたのです。

 メールでも対応できるように

　はじめてお問合せいただいた人、はじめてお申し込みいただいた人は、とくに不安をもっていると思います。私はお問合せいただいた内容に返信するとき、この内容でもしまだわからないことがあるなら遠慮なく質問してくださいと、書いておくようにしています。それによって相談するしないにかかわらず安心感がありましたと後から言っていただくことがありました。

　事前のお問合せがとくになく、お申し込みいただいた人には、サロンの場所などをご案内するメールの最後に、もし質問したいことがあれば遠慮なく聞いてください、と書いておくようにしています。

　このメールのやり取りがあることで、キャンセルにならずにカウンセリング当日、会ってお話しできていると感じています。

事前振り込みで安心感を

相談者さんの変わるキッカケをなくさないためにも、変われるチャンスを残すためにも、キャンセルは減らせるように努めましょう。

相談者さんはキャンセルしたことで自分を責めてしまうかもしれません。相談者さんが辛くなってしまう時間を増やさないように工夫しましょう。

依存されないために必要なこと

🕊✳ どの段階か？　を見極める

「魚を与えるのではなく、魚の釣り方を教えよ」と、魚釣りにたとえられている話をご存知ですか？　与えることで、そのときはどうにかなるけれど、与えてばっかりだと、自分のチカラで食べていけなくなる。自分のチカラで食べることができるように釣り方を教えましょうという内容なのですが、カウンセリングにもあてはまるのではないでしょうか？

依存傾向の強い人は、与えてもらいたい気持ちが大きいだけで、釣り方を知らないか、そもそも釣りの楽しみを知らない可能性が考えられます。

一言で釣りと言っても海、川、湖など、場所によっても違います。同じ海でも堤防と浜に近いところと、沖では釣れる魚が違います。川でも上流と河口付近では変わります。

エサで釣るのか？　疑似餌で釣るのか？　そして釣った魚によって、食べ方やお料理の方法が違います。

人によってさまざまな段階があるので、目の前の相談者さんがどの段階にいるのかを見極めることから始めましょう。

与えてほしい段階を魚でたとえると、お刺身がいいのか？　焼き魚でも塩焼きかタレをつけて焼くのか？　揚げ物がいいのか？　食べ方がイロイロあるという情報を提供して、まずは興味をもってもらいます。

それが自分を見つめる第一歩になり、自分で答えを出すことができるんだと、相談者さん自身が、自分の新しい一面を発見できたりします。

各段階で必要なことを提供して、どうするかを考えてもらう地道な練習を繰り返すことで、相談者さんが自分で考えるクセがついてきます。

そして、状況を自分自身で改善できるように工夫するチカラがついてくるのです。

依存させないために

平日の夜はスカイプや
電話でのセッションが入っています

土日祝日はセミナーや
イベントを開催して
時間が取れません

平日の昼間は
専業主婦なので忙しい

お返事には時間がかかるかもしれませんので、ご了承くださいと、
先に伝えておくことで、いつでも連絡すれば答えてもらえると
依存されることは減ると思います。

相談者さんがいろいろな考え方や
改善方法があることに気づけるように、
あなたなりの工夫をしてみてくださいね。

クレームは未来につながる宝物①

 自分を立て直す

　カウンセリングのお仕事を続けているとクレームへの対応が必要になるときがあります。

　相手から不満を伝える電話やメールが来たとき、立ち直れないくらい落ち込むことがあるかもしれません。

　パニックになってしまい、頭の中が真っ白になってしまうこともあるでしょう。

　これからカウンセリングを続けることが怖くなってしまうかもしれません。

　自分は悪くないのに！　と反発心が出てくるかもしれません。

　このように、クレームによって自分のさまざまな感情と向き合うことになります。心の中で、自分で自分を責めたり、相手を責めたくなったりするかもしれませんが、それでは問題が解決しにくくなり、時間が長引く結果になるかもしれないので気をつけましょう。

　ここはセルフカウンセリングで自分の心の声に向き合って、「自分はそう思うのね」と、自分の思いを確認することに取り組んでください。いくつも思うことが出てきたり、一つのことを何度も繰り返すこともあるかもしれません。それらすべてに対して、オウム返しのように「○○と思うのね」と確認するようにしてください。

　そうすることによって、感情を切り離し、冷静に客観視できるように自分をコントロールしましょう。

　感情の渦にのまれたままでは冷静に相手に対応することができません。

　自分の感情が少し冷静になってから、クレームの内容に向き合いましょう。

自分の感情を客観視しよう

> このままではダメだ！！

> このままだと
> ダメだと思うのね

> 自分の心の声に対して、「自分はそう思うのね」などと
> 確認するようにして、感情を切り離して少し冷静に戻し、
> 客観視できるように自分をコントロールしましょう。

クレームに対して不満に思ったり悲しむよりも、
誠実にすばやく丁寧に対応し、改善できるところは
改善して、新しい気持ちで再スタートしましょう。

クレームは未来につながる宝物②

 相手に向き合い対応する

　相手に向き合うということは、「相手の気持ちや思い、感情に向き合う」ということと、「できごとに向き合う」ということ、2つがセットになっています。

　"このように言われて傷ついた。このような対応をされて辛かった。"

　ここには「言われたこと」と「傷ついた」、それから「このような対応をされた」と「辛かった」と、2つのことがセットになっているのです。

　まず、相手の方に対して傷つくような言葉を使ってしまったこと自体について、勉強不足で申し訳ありませんでしたと謝ります。

　辛いと思わせてしまったことを、配慮が足りませんでしたと謝ります。

　本当に申し訳ありませんでしたという気持ちになって、心から「申し訳ありませんでした」と謝ります。

　何度も謝った方がよさそうなら、何度でも謝ります。

　何度も謝ることが逆効果のときは謝りたくても、静かに相手の反応を待ちます。

　そして、ここからが大切なのですが「今回のことで、私が学ばなければいけないことや気をつけなければいけないことがあるとわかりました。でも、自分では気づくことが出なかったから、今回のように『言葉を使う』ことによって『傷つけてしまう』ことになってしまいました。『このような対応』をしてしまい『辛い思い』をさせてしまう結果になってしまいました。

　これから、このようなことがないように気をつけていきますが、他に何か気づいたことなどありましたら、改善できるように努めますので、教えていただけると助かります。」というような内容を話して、相手から教えをいただく姿勢でお話を聞いてみてください。

事象と結果を分けて考えよう

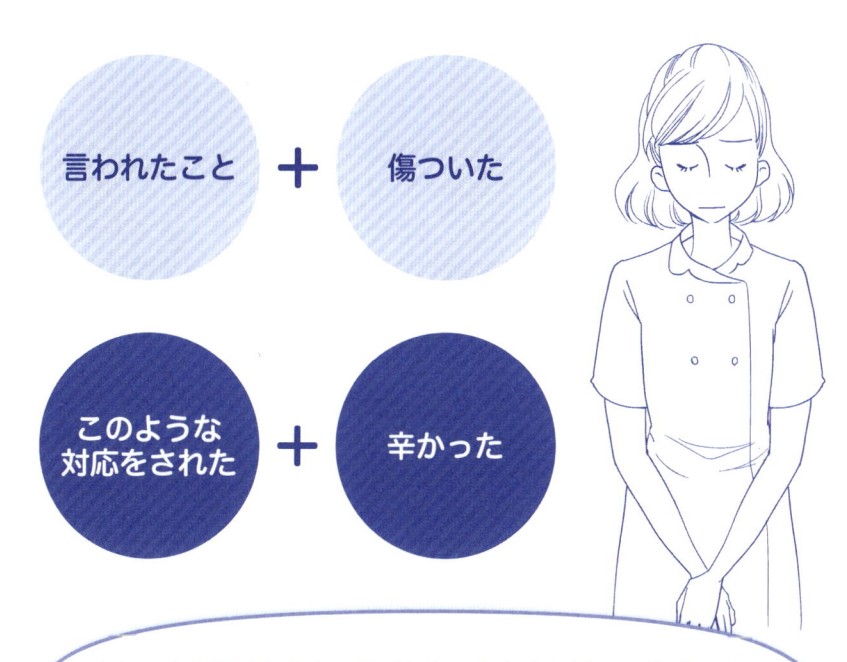

言われたこと ＋ 傷ついた

このような
対応をされた ＋ 辛かった

クレームを聞くときも、相手にしっかり寄り添い、相手の中にあるものすべてを出し切ってもらいましょう。そして、何をどのように改善すればいいのかも、聞いていきましょう。

クレームは怖いものではありません。
今後に役立つ改善のチャンスです。
相手から改善点を教えてもらいましょう。

クレームは未来につながる宝物 ③

 クレームが宝物になる秘密

クレームによって相手が、どのようなことに、どのような思いを持ったのか、どのように改善すればカウンセラーが同じ失敗をしなくなるか、などを教えてもらうことになり、あなたのカウンセリングは今までよりも磨かれることになります。

そしてカウンセリングの質や、あなた自身の人格までもが磨かれて、ますます魅力が増したカウンセラーに育つことができるのです。

クレームは大変なものではありません。クレームは辛いものではありません。クレームはあなたのすべてを磨いて、より良くしてくれる宝物なのです。

クレームだけではなく、失敗や、アクシデントも同じです。自分を立て直し、心から謝って、相手の中にある思いを全部出しきってもらいましょう。

そしてこれからのために、何をどのように改善すればいいのかなどを教えてもらって、それを実行しましょう。

あなたは悪くありません。相手も悪くありません。今回クレームを伝えてくれた人は、とても親切な人なのです。

この相手がいなければ、改善することができず、知らず知らず何人もに同じようなことをやってしまい、気がつくとあなたのところにカウンセリングを受けにくる人がいなくなっていたかもしれないのです。

それを、わざわざ嫌われるような役をかって出て、カウンセリングの質やあなた自身が魅力的に磨かれる「クレームという名の宝物」を授けてくれた、とても徳の高い、ありがたい人なのです。

いかがでしたか？　このことを知っているだけでも、もうクレームは怖いものではなくなると思いませんか？

クレームには感謝の心で

わざわざ言ってくれたクレームは宝物

人気の
カウンセラーに
なっていける

カウンセリングの
質が向上

あなた自身も
魅力的に
磨かれる

クレームはあなた自身やカウンセリング内容を
ますます向上させてくれる宝物です。
人気のカウンセラーへの近道かもしれませんね。

お金の流れをチェック

 1ヶ月のお金の流れを把握できていますか？

　自分でお仕事をしようとするとき、売り上げばかりが気になってしまうかもしれません。売り上げを考えることも大切ですが、月に必ず必要な経費を計算しておくことも大切です。サロンを運営するかしないかでも変わってきますが、家賃や光熱費など、または、レンタルスペースの費用など、できるだけ明確にしておきましょう。

- ・家賃はいくら？
- ・光熱費はいくら？
- ・通信費はいくら？
- ・交通費はいくら？
- ・雑費はいくら？ ← ティッシュや、お茶など
- ・交際費はいくら？ ←打ち合わせの際の飲食費など
- ・レンタルスペース代や貸し会議室などはいくら？

 カウンセリングの料金の見直し

　カウンセリング料金は一度決めたら変更しないものだと思われていますがこのままでも大丈夫なのか？　定期的に見直しをしてみてください。

- ・カウンセリングの1回の料金はいくらですか？
- ・カウンセリングの1回の料金は安すぎませんか？
- ・カウンセリングの1回の金額を上げるとしたらいくらですか？
- ・カウンセリングコースのパターンはいくつあるの？
- ・カウンセリングコースの金額はそれぞれいくら？
- ・カウンセリングコースの回数の多いもの少ないもので差別化はできてる？
- ・カウンセリングコースのそれぞれのコースの魅力を差別化できてる？

収支の確認は定期的に

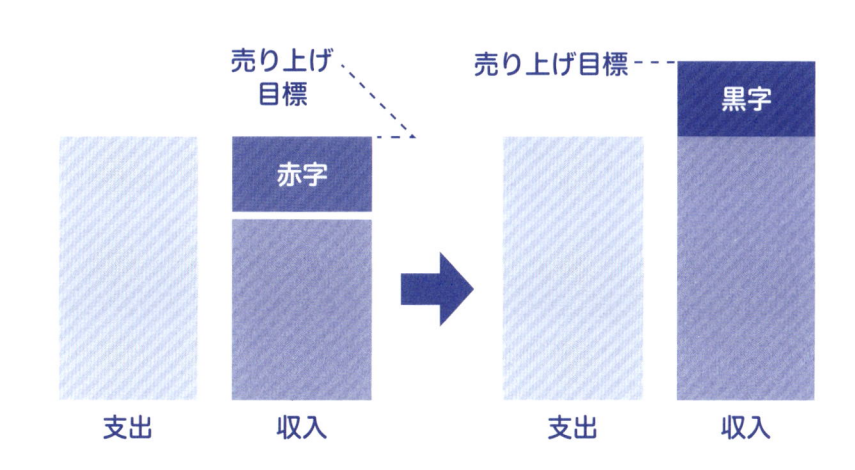

売り上げ目標

売り上げ目標

赤字

黒字

支出　　　収入

支出　　　収入

> 売り上げの目標があった方が
> お仕事しやすい場合は目標設定して
> みてもいいと思います。ただ、目標
> 設定することで自分にプレッシャーを
> 与えすぎて辛くなるかもしれません。
> 売り上げの目標設定に慣れるまで
> 低く設定してみると
> いいかもしれません。

- 売り上げと経費（収支）の
  バランスは？
- 売り上げ目標はある？
- 売り上げ目標は達成できた？
- 売り上げ目標の設定は高すぎない？

お金の流れを把握することも大切です。
定期的に確認して改善できるところは早めに
改善できるように心がけましょう。

意外と知られていない落とし穴

 カウンセリングがうまくいっていない気がするのは……

　カウンセリングをするときのゴールを設定したものの、相談者さんを、うまくゴールへ導いていくことができていない気がすることもしばしばあると思います。

　うまく導けていないとか、変化を起こすことができなかったなど、考えたり落ち込んだりする必要はありません。今この瞬間にベストなことが起きていると思ってください。

　変わりたいと相談に来た相談者さんは、意識的には変わりたいと思っていても、潜在的にはまだ変わりたくないことも多いのです。

　相談者さん自身が変わりたい自分と変わりたくない自分のはざまで苦しんでいる場合もあります。あなたが自分の実力が……と嘆くよりも相談者さんにとって安心できる空間と時間をつくってあげてくださいね。

 １００人いれば１００通り

　カウンセリングをしていると、いろいろな人と出会います。いろいろな話を聞きます。いろいろなゴール設定をすることになると思います。するとパターンのようなものがわかってきたりします。

　この段階に入って少し時間が経つと、なぜかうまくいかない気がしてくることがあります。気づかないうちに同じようなパターンでカウンセリングしようとしていませんか？　前にうまくいったパターンのようにゴールに向かえない人が現れたり、反発する人が現れたり、どうしたんだろう？　と思うようなことが起きたりします。

　方法にこだわらず、その都度、柔軟に工夫しながらカウンセリングしていきましょう。１００人いれば１００通り。この言葉を頭の片隅においてカウンセリングしてみてくださいね。

カウンセラーは相談者さんと共に
学び成長させてもらっています。

カウンセリングで自分が思うように導くことが
できていないと感じても相談者さんにとって
ちょうどいいかもしれません。

うまくいかない状態から抜け出す方法

 新しい目標を持つ

　うまくいっていないと思うときは、今の何が良くないのかと考えてしまいがちです。

　考えてスグに改善点が見つかればいいのですが、なかなか改善点が見つからないと、悩む時間ばかりが増えてしまい、改善するどころか、より状況を望まない方へと進めてしまうかもしれません。そんなときは、考え込むのを一旦お休みして、新しい目標をつくってチャレンジしていってください。

　今の自分にとって少しだけ背伸びするかな？　ということや、めちゃくちゃ頑張る！　ということなど、やる気のスイッチが入るものを自分で設定してください。そして、その目標を達成するには、どのような計画が必要で、何をすればよいのか？　などできることをたくさん書き出してください。

　そして書き出した中で一番行動しやすいことを今すぐ始めてください。現状を変えたいときは、現状ばかりに目を向けるのではなく、新しい目標をもって行動してみましょう。

 人を応援する

　うまくいかないときは、お友達や仲間など頑張っている人を応援してみてください。どのような応援が必要なのか？　どのようなお手伝いができるのか？　この人の夢が叶うためにはどうすればいいか？　など今の自分ができることで、お手伝いをするようにしてみましょう。そうやっていくうちに、自分の今の状況を変えるヒントに出会えることがあるかもしれません。ひょっとすると、人を応援していたはずが自分の方が応援されているということになっているかもしれません。

閉塞感から抜け出す方法

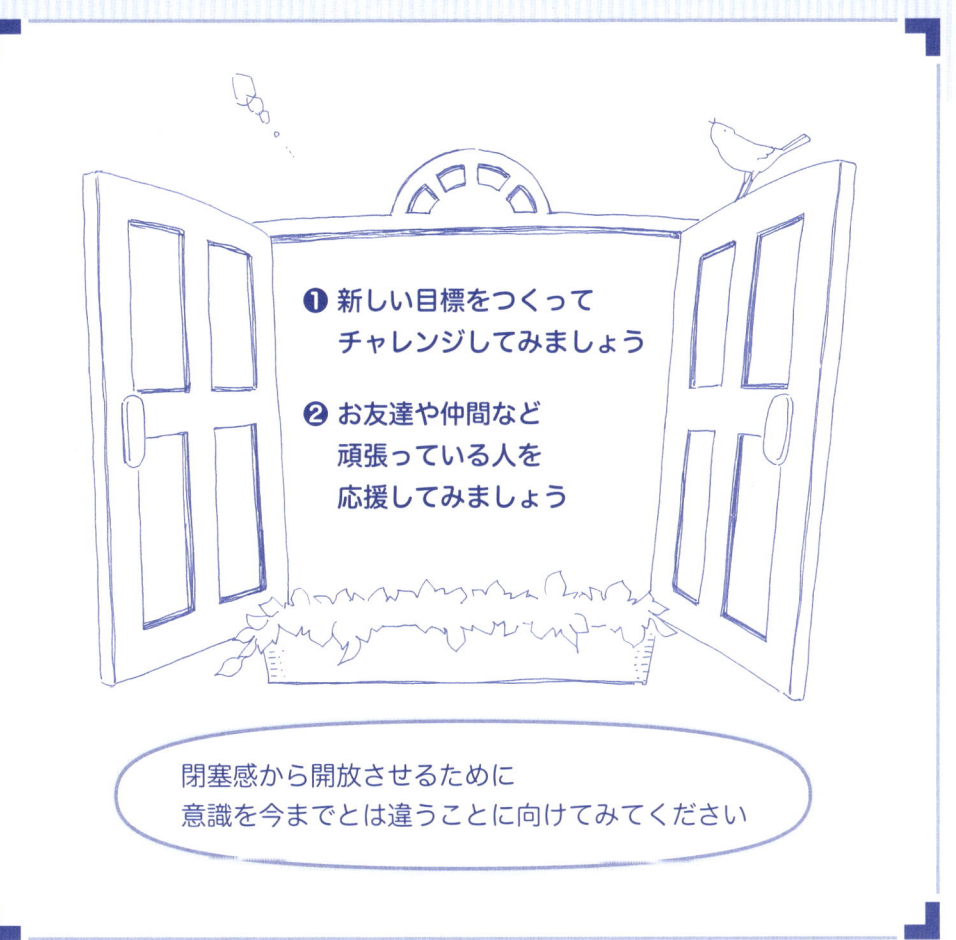

❶ 新しい目標をつくって
　チャレンジしてみましょう

❷ お友達や仲間など
　頑張っている人を
　応援してみましょう

閉塞感から開放させるために
意識を今までとは違うことに向けてみてください

うまくいかないとき、新しい目標をもったり、
誰かを応援することで、うまくいかないところが
自然に発見できて改善できることがあります。

マインドセットをやり直す

 これからの生き方を決め直す

　今まで、こんなふうになったらいいな、こんなふうにしよう、など自分なりに決めて生きてきたと思います。カウンセラーになろう、そのためにこんな勉強をして、こんなことを用意して、こんなふうに相談者さんに向き合おう……。意識していたか無意識だったかはわかりませんが、今のようにあなたがカウンセラーとして活動することを自分の中で決めていたのです。

　うまくいかなくなると、なにが良くないのかと考えて、良くないこと探しをしてしまいます。ですが、良くないことばかりを探して改善するよりも、今からどうなりたいのか？　そのために必要な物はあるのか？　そのために学ぶことはあるのか？　と、「自分はこのように生きていくために、このようなことをします」と決め直しましょう。

　決断して、自分に宣言したなら、その内容を紙に書いて貼っておくこともオススメします。見えるところに貼ることで、自分の軸がブレなくなります。もし弱気になってしまったり、軸がブレるようなことがあっても、紙に書いて貼っておくことで決めたときの状態に戻りやすくなるのです。

 仕事とプライベート、どちらも大切

　カウンセラーとしての夢や目標を新しく決め直すだけでなく、プライベートの生き方を考え直すことも大切です。

　未来の設定が変わったときは自由に変えてもいいのです。一度決めたら変えてはいけないということはないので、変えたいと思ったときは柔軟な気持ちで、自分と向き合って未来の設定を決め直してみてくださいね。

新しい気持ちで再スタートしよう

これからこのように生きます、と決めたなら、未来に向かって必要な思考や言葉や、習慣を選び行動します。
決めた未来に向かって必要のない思考や言葉や、習慣などを手放し、今までのことを一旦リセットして、これからの生き方を気持ちを新たにして決断してみましょう。

うまくいかないときは、目標や気持ちを新しく決め直し再スタートするチャンスです。目標を設定し直して、新しい気持ちで再スタートしましょう。

プライベートな自分とカウンセラーとしての自分

　自宅でゆっくりしている時間でも、ついつい今日あった仕事のミスのことを考えてしまったり、次の日の仕事の段取りを考えてしまったりと、今すぐやらなくてもいい仕事のことを、グルグルと考えてしまうものです。

　これでは、体も気持ちも脳も休まらなくて、睡眠の質が下がり、疲れがたまり、仕事への意欲が減って、負のスパイラルに入ります。さまざまなことがうまくいかなくなる原因になってしまうので、気をつけましょう。

　うまくいかないなと思うときほどプライベートの時間は仕事のことを考えるのをやめましょう。負のスパイラルを一旦、バシッと切り離してスッキリと気分を切り替えることができるといいなと思います。

　仕事が終わったら何か習い事をするとか、マラソンや、ヨガで身体を動かすなど、プライベートの時間を楽しめる工夫をするといいかもしれませんね。

　ただ、絶対に仕事のことを考えてはいけない！　というわけではないのです。仕事のことを考えるのが何よりも楽しいなら、思いっきり仕事のことを考えて楽しんでください。

　本当は、仕事のことを考えたくないのに、ついつい気になって考えてしまい、休まらないというときは、考えなくてもいい工夫を試してみてくださいね。

　あなた自身の気分がいい状態が、あなたにとって何よりの癒し、活力になるのです。

Chapter
9

次のステージへ

仕事を通して得られるもの

 お金にはかえられないご褒美

　初めての相談者さんはとても辛くて苦しい思いを抱いています。悲しみを通り超して怒りの状態で、まるでカウンセリングの時間が私が怒られる時間に思えるほど怒りが溢れていたり、反対に自信がなくてやっと生きている状態だったりと、さまざまです。

　そんな相談者さんはカウンセラーが丁寧に向き合うことによって、だんだん気持ちや表情が変わっていきます。相談者さんが望みをもてるようになっていく変化を、カウンセラーは身近で感じることができるのです。この経験は、お金にはかえることができないご褒美だと思います。これは、カウンセラーだからこそ味わえるものではないでしょうか。

❁ **共に成長できる**

　相談者さんの状態に合わせて言葉を選んだり、相談者さんが望む状況に近づくために何をすればいいかを一緒に考えることによって、日々カウンセリング力や人間性が磨かれていきます。相談者さんを応援することによって一緒に成長させてもらえることも、カウンセリングをお仕事にしているからこそのご褒美だと思います。

❁ **自分の学びや経験が豊かさの循環になる**

　私の場合ですが、過去のどん底だった経験や、紆余曲折の人生で味わってきた感情が、今、カウンセラーとして役に立っています。

　日本中から滋賀県の琵琶湖が見えるサロンまでカウンセリングに来てもらえたり、海外からのお申し込みにスカイプでカウンセリングしたり、今の状況は過去の私とは真逆すぎて信じられないですが、過去があってこその今です。いい循環が起きているのだと思います。

お金にかえられない価値を手に

- 相談者さんの気持ちの変化
- 起こる現実の変化
- 望むことが叶えられる瞬間
- 共に成長する感覚

> カウンセリングすることによって見違えるように状況が変わっていくので、幸せや豊かさのエネルギーが、カウンセラーの私と相談者さんの間で循環しているように感じます。カウンセラーというお仕事を通して得られるものは想像をはるかに上回るものになっています。

カウンセリングを通して喜びを感じることができたり成長することができたりと、カウンセリングを続けることで得られることが増えていきます。

限界の壁は次のステージへの
ステップ

🕊 限界の壁を乗り越える準備を普段からしておく

　個人でカウンセリングのお仕事をすると、ときには迷うことがあったり、なぜか状況が動かなくなったように感じて、どうすればいいのかわからなくなることがあるかもしれません。

● 相談できる環境はありますか

　誰かに相談したくなるときがあるかもしれません。そんなとき、お友達や先輩など相談できる人が身近にいますか？　あなたと同じ目線で一緒に考えてくれる人が近くにいてくれると心強いですよね。誰にどのような相談ができるかなど確認しておきましょう。

　カウンセリングの仕事をしていると、つい遠慮してしまって周りの人に助けてと言えなくなっているかもしれません。普段から周りの人に、「このようなときは助けてね」と話しておくのもいいかもしれません。

● 初心に戻りましょう

　あなたがなぜカウンセリングをお仕事にしたいと思ったのか？　振り返ってみましょう。あなたの軸がブレたときに初心、原点に戻るために、役に立ってくれると思います。

　　・あなたは、なぜカウンセラーになろうと思ったのでしょうか？
　　・カウンセラーという職業に憧れがあったからでしょうか？
　　・自分がカウンセリングを受けることによって生き方を改善することができたからでしょうか？
　　・誰かの役に立ちたいと思ったからでしょうか？

　限界の壁と感じている原因を改善することで、次のステージへのステップができるのです。

自分と向き合ってみよう

仕事の内容チェック

なにがうまくいっていないと感じているか明確ですか？

- カウンセリング自体がうまくいっていない気がする
- 相談者さんとの関係がうまくいっていない気がする
- 自分のモチベーションが上がらない気がする
- 自分のスキルが足りていない気がする
- 集客がうまくいっていない気がする
- スケジューリングがうまくいっていない気がする
- コミュニティーの運営がうまくいっていない気がする
- ブログやメルマガなどが活用できていない気がする
- 売り上げが下がってきている
- 売り上げがほとんどない
- そもそもカウンセリングの仕事に興味がなくなってきている

モヤモヤが始まったら、見直して改善する
タイミングかもしれません。
早めにチェックするように心がけましょう。

次のステージへ進むために
必要なこと

 仕事から離れる

　個人でカウンセリング仕事をしている場合、仕事をしていない時間でも、あれこれと仕事のことを考えているかもしれません。

　無意識で考えてしまっている場合、自分では気づけてないかもしれません。あえて意識をして何か好きなことを楽しむとか、自然の中でボーっとする時間をもつとか、お友達を誘って仕事とは無関係なことで楽しくお喋りするなど、仕事から離れてみましょう。リフレッシュできて、自然に改善点がわかるかもしれません。

 周りと比べない

　あなたの気分が下がってしまうのは、うまくいっている人と自分を比べて、自分は人よりもうまくいっていないと思ってしまっているからかもしれません。そのようなとき、SNSやブログの楽しそうな写真を見るだけで、あの人はうまくいっていると思ってしまいがちです。

　人のことが気になって自分と比べて気分を下げてしまうかもしれないときは意識をして、少しの期間SNSから離れてみるのもいいかもしれませんね。

✿ **今までの感想を読み返してみる**

　今までにカウンセリングをして、その都度書いてもらっている感想は、いつでも読み返すことができるように保管しておくと、気分が乗らないときのお助けアイテムとなってくれることがあります。1枚1枚、読み返していくと、そのときのカウンセリング風景がよみがえったり、相談者さんの表情が思い出されたりして、やっぱりカウンセリングっていいなという気持ちになれたりします。感想に書かれている言葉で癒されたり、元気がもらえたりすることもあるものです。気がついたら、よし、頑張ろう！　という気持ちに切り替わってるかもしれませんよ。

客観的に見直してみよう

仕事で壁にぶつかったとき、あなたなりの
改善方法を見つけて早く切り替えられるように
工夫してみてくださいね。

自分マネジメント

 仕事で成果を上げられるように自分マネジメントは大切です

　自分で自分の成長を促し、そして自分で自分を管理しましょう。バランスよくできているか、できていないかチェックしてみましょう。

- **スケジュール管理**
  - ・仕事を入れすぎていないか
  - ・余裕のあるスケジューリングができているか
  - ・休みを取れているか
- **仕事の充実**
  - ・カウンセリングの時間
  - ・事務作業の時間（メール返信含む）
  - ・スキルアップや学び
- **体調管理**
  - ・規則正しい生活リズム
  - ・睡眠時間や睡眠の質
  - ・食事の内容
  - ・適度な運動
  - ・ストレスチェック
- **プライベートの充実**
  - ・人間関係
  - ・趣味の時間
  - ・何もない時間

　もしバランスが崩れているなら、改善できるように工夫してみましょう。

- カウンセリングの時間
- 事務作業の時間
（メール返信含む）
- スキルアップ　・学び

- 仕事を入れすぎていないか
- 余裕のあるスケジューリングができているか
- 休みを取れているか

仕事の充実

スケジュール管理

体調管理

プライベートの充実

- 規則正しい生活リズム
- 睡眠時間や睡眠の質
- 食事の内容　・適度な運動
- ストレスチェック

- 人間関係
- 趣味の時間
- 何もない時間

たまに立ち止まって自分自身を見つめる時間は、これからのカウンセリングにとって、とても大切なことです。定期的にチェックしてみてくださいね。

おわりに

最後までお読みいただき、ありがとうございます。

カウンセラーとして活動することに対しての準備はできましたか？　この準備をすることで、これからカウンセラーとして活動するための土台をつくることができて、お仕事がうまくいくようになっていきます。

今後、カウンセラーの資格を取得しただけでは十分ではないと感じて、集客やマーケティングなどビジネス系の勉強をしようと思うかもしれません。ですが、カウンセラーとして活動することに対しての準備ができていないと、せっかくビジネス系の勉強をしても大事なところがブレてしまって、思うように活動することができない可能性があります。あなたと出会った相談者さんが楽になり、前に進めるサポートができるように自分自身のメンテナンスも忘れないようにしてくださいね。

「どうしてカウンセリングをお仕事にしようと思ったのか？」「相談者さんには自分と出会って、どうなってもらいたいのか？」など、自分自身の軸や土台になるものをもち続けて、目の前の人に向き合っていきましょう。

今後、カウンセラーとして活動することで、相談者さんから嬉しい報告が来るなど、いいことがたくさん起きると思います。逆に未熟だなと落ち込んだり、本当にカウンセラーに向いているのかな？　と迷うときがあるかもしれません。それでも目の前のやるべきことをコツコツと続けてくださいね。

諦めないで続けるからこそ、今は想像ができないようなことが、未来に起きる可能性が生まれてくるのです。

本文にも書きましたが、カウンセラーや講師として活動する前の私は難治性の内臓疾患、過食症、30キロの激太り、パニック障害、うつなどで10年間の引きこもり生活を送っていました。

そのころの私は自分が本を書くなんて想像もしていませんでした。

自分がやるべきことをやっていると次のやるべきことが現れてくる、そして、人と関わることで次に進むべき道が示されるのだと実感しています。本

書を執筆するにあたり、たくさんの人に応援してもらいました。

　出版実現コンサルタントの山田稔さん、本当にありがとうございます。

　この本を出版する機会を与えてくださっただけではなく、途中で諦めようとしたときに「全力で信じて応援する」と言っていただけたことで最後まで頑張ることができました。何もわからない私を指導してくださり、さまざまなサポートをしていただき、著者として育ててくださいました。

　宝地図提唱者の望月俊孝先生、本当にありがとうございます。どん底にいた私が人生を180度好転することができ、カウンセラーとして、講師として活動できるようになったのは、望月先生に出会い、育てていただいたおかげです。全国にいるたくさんの仲間と応援しあい共に成長することを教えてくださったこと、これからも忘れることなく活動していきたいと思います。

　出版が決まった私を応援してくれた、ひすいこたろうさんと、小野誠さん、ひすい塾の塾生のみなさま。本当にありがとうございます。みんなの応援のおかげで最後まであきらめないで書ききることができました。

　そして、いつも私を応援してくれる家族に感謝します。

　カウンセリングやセミナーに来てくださるみなさま、Facebook やブログのお友達のみなさま、ここに書ききれない全国の仲間、お友達、私を応援してくれたすべての人に感謝の気持ちでいっぱいです。本当にありがとうございます。最後に、この本を手にとって読んでくださったみなさま。

　心から感謝いたします。

　本当にありがとうございます。

2018 年 3 月

城市奈津子

著者プロフィール
城市 奈津子

幸運カウンセラー
サロン・はーとらんど　代表

カウンセリングとは縁のない主婦として平凡な生活を送っていたが、内臓疾患・過食症・うつを発症して10年間の引きこもり生活を送る。その後、カウンセリング・自己啓発・ヒーリングの世界と出会ったことで人生が１８０度好転する。
講師、セラピスト、カウンセラーとして活動を始め、セミナー会社や専門学校の外部講師、カルチャーセンター講師、社員研修講師などを経て、現在は滋賀県大津市でカウンセリングルームを運営。日本全国から滋賀までカウンセリングを受けに多数の相談者さんがやって来る。カウンセリングを通して、たくさんの方々の夢や目標を叶えるサポート活動中。

人気のカウンセラーになる教科書

著者　城市奈津子

発行所　株式会社 二見書房
　　　　東京都千代田区神田三崎町2 - 18 - 11
　　　　電話 03(3515)2311 ［営業］
　　　　　　　03(3515)2313 ［編集］
　　　　振替 00170 - 4 - 2639

イラスト　津久井直美
デザイン　有限会社ケイズプロダクション
編集　　　有限会社ケイズプロダクション

印刷　株式会社堀内印刷所
製本　株式会社村上製本所

売れるハンドメイド作家の教科書
中尾亜由美＝著

500円の雑貨しか売れない作家は卒業。
2万円のワンピースが売れる作家になろう！
著者の「ノウハウ」がギュッとつまった一冊です。

人気のセラピストになる教科書
三澤由紀恵＝著

アロマテラピーやリフレクソロジーで
2万円の施術をリピートしてもらおう！
おうち教室やカフェでもできる方法を教えます。

ママでもひとりでできるお料理の先生になる教科書
中川千佳子＝著

500円のレシピからはじめて
1万円のレシピが売れる先生になろう！
生徒さんが途絶えないノウハウ教えます。